决胜出海

一本书打通全球商业版图

孙心悦 著

中国科学技术出版社
·北 京·

图书在版编目（CIP）数据

决胜出海 / 孙心悦著 . -- 北京 : 中国科学技术出版社 , 2025. 9（2025.9 重印）.

ISBN 978-7-5236-1561-4

Ⅰ . F279.235.6

中国国家版本馆 CIP 数据核字第 20258KA552 号

策划编辑	李　卫	**责任编辑**	李　卫
封面设计	东合社	**版式设计**	愚人码字
责任校对	邓雪梅	**责任印制**	李晓霖

出　　版	中国科学技术出版社
发　　行	中国科学技术出版社有限公司
地　　址	北京市海淀区中关村南大街 16 号
邮　　编	100081
发行电话	010-62173865
传　　真	010-62173081
网　　址	http://www.cspbooks.com.cn

开　　本	880mm × 1230mm　1/32
字　　数	205 千字
印　　张	9.625
版　　次	2025 年 9 月第 1 版
印　　次	2025 年 9 月第 2 次印刷
印　　刷	大厂回族自治县彩虹印刷有限公司
书　　号	ISBN 978-7-5236-1561-4
定　　价	69.00 元

｛ 赞誉 ｝

从欧美、日本、韩国跨国企业发展历史来看，中国企业出海是必然的。一个国家的经济发展到一定程度，一定要培养自己的跨国企业，跨国企业只能通过企业出海实现。中国企业出海要理性布局，更需熟悉国际规则。《决胜出海》不仅提供了中国企业走出去的操作路径，更呈现了制度与话语建构如何在海外不断塑形的动态过程，值得中国企业家深读。

——郑永年，著名政治经济学家，香港中文大学（深圳）公共政策学院院长、前海国际事务研究院院长、广州粤港澳大湾区研究院理事长。长期研究国际关系及中国外交，著有中英文书籍近百部，其观点常被视为连接学术前沿与全球战略格局的重要桥梁

《决胜出海》对全球经济一体化的研究与实践具有重要参考价值，尤其凸显了中国企业在推动互利合作中的关键作用。书中融合了丰富的实务经验与对政策框架及当地市场环境的深入理解，为政策制定者、投资者和企业家提供了不可或缺的参考指南，有助于建立信任、把握机遇，并开拓国际市场。

——约翰·丰塞卡（John Fonseca），哥斯达黎加对外贸易部前副

部长，曾担任国家贸易便利化委员会主席及主要贸易谈判代表，主导了多个自由贸易协定的谈判工作，在国际贸易和投资领域具有丰富的实务经验与学术积累

全球力量重组和地缘政治风云，正在深刻影响企业的海外布局。作为曾在中东多国见证历史变迁的外交官，我认为中国企业唯有深刻理解当地文化与政治，才能实现可持续发展。《决胜出海》是一本兼具格局高度和落地实操的宝典，为企业破解复杂环境难题提供了智慧钥匙。

——吴思科，资深外交家、中国中东问题前特使，曾任驻沙特大使、驻埃及大使、驻阿拉伯联盟全权代表，曾深度参与中国与中东、北非地区的外交关系构建与战略对接，亲历并推动了多个重大外交议题的解决

孙心悦的《决胜出海》深刻融合了战略前瞻性与实用智慧，精准回应了21世纪地缘政治复杂多变的全球商业环境。凭借她在国际金融与跨境咨询领域的丰富经验，书中构建了一个清晰且系统的框架，既洞察全球化带来的挑战，也捕捉其中蕴含的机遇。本书充分考量了世界各区域迥异的特点与需求，是引领各级领导者应对新时代经济现实、推动新兴市场间互利共赢合作的必备指南。

——卡洛斯·M.诺里昆博·罗夫莱斯（Carlos M. Noricumbo Robles），现任墨西哥外交部驻美国高级代表、墨西哥驻丹佛总领事办公室主任，资深地缘政治学者与国际事务专家，他长期在墨西哥参议院、总统府、市政府及联合国开发计划署等机构工作

中国经济已经发展到一个新阶段，这个阶段的一个基本特征是从过去的输出商品，升级为输出资本、技术、人才、经验，甚至是输出整个产业链。与美国、日本等发达国家一样，在这个阶段中国也将出现很多伟大的跨国企业，去承担人类命运共同体的使命。作为一个企业，认识不到这一点，就无法更好地驾驭这个时代。从这个角度看，《决胜出海》是不容错过的一本书。

——埃卡·古卢阿（Eka Gulua），格鲁吉亚媒体界的杰出代表，“媒体中心 Mtavari”创始人兼总经理，她积极推动中国与高加索地区的文化与商业交流，曾受多位中国政府高层的接见

在“逆全球化”背景下谈企业出海，必须兼具战略眼光与落地智慧。《决胜出海》的可贵之处在于，它不是泛泛而谈国际化，而是扎进产业结构、制度差异与一线困境，提出了操作性的答案。这是一本帮助企业在世界不确定性中重新定位自身的实战指南。

——秦朔，人文财经观察家、“秦朔朋友圈”发起人，曾任《南风窗》《第一财经日报》总编辑。长期关注中国企业发展、商业文明演进与全球化进程，其评论以战略深度、现实感知和文化厚度著称

今天的企业全球化，不是勇气的竞赛，而是认知能力的比拼。这本书提醒我们，出海不是复制中国成功经验，而是重构适应能力。它细致分析了合规、金融、法务等最容易被忽略的关键点。我希望更多企业家能从中读到“在别人的制度里如何经营”的底层逻辑。这是一

本帮助企业避免战略误判、理清前路的实用指南。

——马旭飞，香港中文大学商学院副院长、管理学教授、知名国际商业战略专家，多次为亚洲及全球知名企业提供战略咨询与培训，著有《出海战略：中国企业的新蓝海》

本书堪称中国企业出海的“全景导航仪”。作者以国际投行管理者的视野，系统性拆解了从宏观国别研判、产业机遇挖掘，到合规法律攻坚、人才梯队构建的全链条出海战略。书中包含多个鲜活的实战案例，将复杂的国际化挑战转化为清晰的行动路径。

作为深耕海外市场多年的金融从业者，我尤为赞赏作者对合规风险与文化适配的前瞻分析——这正是中国企业全球化最易忽视的痛点。作者凭借顶级投行锤炼的实战经验，将晦涩的跨国规则转化为可落地的解决方案，字里行间皆是“战场”得来的真知。

此书不单是工具手册，更是一本全球化思维的启示录。无论初探海外的新锐企业，还是布局全球的成熟集团，都能从中获得破局之道。

——黄博，国泰君安越南首席执行官，深耕东南亚资本市场与跨境投融资多年，长期致力于推动中国与越南及东南亚地区的资本对接与产业协同，主导并参与多项重大跨境并购、股权投资及融资项目

我与作者相识于她在工行任职期间，那时她已多次赴拉美地区开展中国资产推介和中墨投资对接。后来她选择独立创业，并真正在墨西哥实现了从“项目策划者”到“产业落地人”的转身。拉美地区，尤其是墨西哥，在未来绝非其他海外市场的简单复制。其机遇在于庞

大的年轻人口，近岸外包红利及区域枢纽潜力，但成败关键在于出海企业能否做到深度本地化。出海企业需深刻理解其独特的政商环境、文化逻辑与社群网络（如侨界）。作者曾组织出海企业交流闭门会、联动政府与本地商协会。如今，她还积极筹划带墨西哥企业家赴华交流，继续推动中墨经贸的双向流动。拉美市场不欢迎“快进快出”，真正的护城河是信任与融合，这本书正是作者多年在拉美地区一线深耕的经验浓缩。

——耶天慧，墨西哥华人华侨总会会长、墨西哥华社的重要领袖，长期致力于团结和服务墨西哥华侨华人群体，积极推动中墨两国在经贸、文化、教育等领域的交流合作

我们常说“非洲不是一个国家”，这里有54个各具特色的故事与市场。放眼全球，无论是拉美、东南亚还是中东，想赢得市场，第一步都要真正走出去、进入当地的生活与商业脉络。《决胜出海》呈现的落地案例，让我领略到一种跨地域、跨文化的共通智慧。

——张芸琪，华坚集团副总裁，非洲“大小姐”IP运营人，深度参与跨国制造、品牌运营与中非经贸合作，同时以新媒体传播视角，向国内外分享非洲市场机遇与中国企业故事

作为哥伦比亚中国投资贸易商会的执行董事，我亲眼见证了中国企业正在深刻改变拉美市场。孙心悦的《决胜出海》是一本兼具严谨性与启发性的指南，它不仅架起了文化与经济交流的桥梁，还提供了切实可行的商业策略与深刻的文化洞察。凭借作者的多语言背景与独

特视角，本书为企业家、投资者和政策制定者描绘出一条把握新兴机遇、建立有意义伙伴关系的路线图。这部作品应时而生，为致力于促进中拉关系发展的各界人士提供了重要参考。

——英格丽德·塔蒂亚娜·查韦（Ingrid Tatiana Chave），哥伦比亚中国投资贸易商会执行董事，多次组织高端贸易考察团、投资代表团开展贸易交流，推动多场商业峰会，深度对接中国及拉美企业与当地政府高官、外交官及商业领袖对谈

无论是在上海的码头，还是在巴塞罗那的仓库，我看到的成功企业都有一个共同点：它们都懂得如何适应、融合并尊重当地的节奏。《决胜出海》把这种核心能力提炼成了可学习、可复制的方法。

——艾瑞斯·洛佩斯·费利佩（Iris L ó pez Felipe ），西班牙 TIBA 集团中国大陆及中国香港特别行政区总经理，深耕跨境运输与供应链管理多年

巴西正处于经济转型和基础设施升级的关键阶段。作为在巴西金融市场具有丰富经验的从业者和研究者，我亲眼见证了中国资本与企业为巴西带来的活力和机遇。《决胜出海》正是我们所需要的——利用中巴企业的协同优势，实现产业、金融与创新的互利共赢发展。

——乌苏拉·蒙泰罗（Ursula Monteiro），巴西金融界资深专家，曾担任巴西国有银行项目主管多年，熟悉资本市场的运作和跨部门大型项目的协调工作

推荐序

出海企业的新常态与新思维

全球经济正经历百年未有之大变局。产业链重构、技术壁垒上升、地缘风险频发，资本与贸易流动也在经历深层次重塑。对中国企业而言，出海不再是地理意义上的“延伸”，而是对不同制度、文化、市场、技术、基础设施以及金融体系的深度适应，其挑战之大不言而喻。在此背景下，《决胜出海》的出版可谓恰逢其时，它不仅勾勒出系统的出海路径，还提供了一套来自一线实践者的认知体验与行动框架，对正在谋划出海的中国企业而言，这可谓难得的一本书。

作为一名经济学与管理学的研究者，我长期关注全球宏观经济变动对企业的影响。从外汇管理部门到斯坦福大学，再到华尔街投行和亚洲资本市场，我在过去三十多年的工作与研究经历中，深切感知到制度差异、监管规则、技术路径与金融生态对企业竞争战略的深刻影响。当前，全球化正经历重大“转型期”，国际地缘政治对企业跨国经营的潜在影响成为企业家不得不考虑的因素。信息科技、人工智能等新技术突飞猛进，推动各行各业的商业模式迅速迭代，导致市场需求与竞争格局发生变化，这也是出海企业不得不应对的新挑战。投资目的地在文化理念、法律制度及基础设施等方面与我国千差万别，更是出海企业不得不面对的现实。中国企业要成功出海，不再能依赖对中国过往成功经验的简单复制，而是需要打造跨制度、跨文化、跨市场、跨基础设施、跨技术路径的适应性与创新能力。

本书提出“出海八策”，覆盖从餐饮、电商、小家电到新能源、科技、金融与文化等多个赛道。与其说这是一份行业指导手册，不如说是企业在复杂海外环境中寻求“最优解”的战略地图。比如在新能源章节中，作者结合海外市场的补贴政策、汇率波动与融资成本，深入分析了中国新能源企业如何动态优化产业链布局。这种动态、灵活、结构化、多维度的分析架构与思维模式，正是出海企业应对全球复杂环境所需的指引。

我尤其欣赏书中对“本地化”的重视。作者强调，成功的出海企业，并非把中国模式原样照搬到海外，而是能够在文化、制度、市场、技术及基础设施等层面实现“嵌入式协同”。对新环境的适应与创新将成为企业出海成败的关键。未来中国企业真正的全球化扩张能力，将取决于能否跨越上述各种鸿沟，在当地构建长期可持续的成长机制、运营体系与品牌叙事。

这本书还有一个可贵之处——它不回避复杂性。在合规、法务与资金安排等章节中，作者反复强调，没有哪个市场是“低风险区”。企业经营的全球化不是简单的外延扩张，而是在可控风险下构建具备弹性和韧性的全球布局。对于海外市场可能出现的各种“不测风云”，企业家需保持敬畏之心，可大胆假设，更要小心求证，始终做好两手准备。这种客观、现实的认知力与动态、灵活的适应力，是出海企业家必须具备的心态与能力。

我诚挚推荐《决胜出海》给所有正在思考“出海”命题的读者——无论你是企业家、研究者，还是政策制定者。因为这不仅是一本行动手册，更是一部在全球经济结构转型背景下的战略指南。

——孙明春博士，香港中国金融协会副主席兼可持续金融委员会主席，中国金融四十人论坛成员，中国首席经济学家论坛理事，丝路基金可持续发展委员会委员，复旦大学、上海交通大学、香港大学及香港中文大学（深圳）客座教授。曾在雷曼兄弟、野村证券、大和证券、海通国际等中外资投行担任首席经济学家，也曾在中国国家外汇管理局任职

中企出海，在制度夹层中寻找全球配置的落点
——《决胜出海》这本书为何重要

我与作者的结识，始于我担任比利时 Nagelmackers 银行首席执行官（CEO）期间。Nagelmackers 银行是欧洲历史最悠久的私人银行之一，创立于 1747 年，自 2015 年起由中资企业控股。我任职期间，正主导该行的战略重塑与数字化转型。在这样一个中资控股、欧式治理、跨文化融合的特殊平台上，我们格外需要能够真正理解中欧双重金融体系、同时具备全球视野与落地能力的合作伙伴。

作者彼时在工银瑞信担任国际业务主管，带领团队策划并落地了一系列中国资产在欧洲的路演活动。我仍记得她跟欧洲合作方路演时，用中英文双语流畅地讲述中国经济的结构转型与投资价值。她的表达极具感染力，不仅专业严谨，而且逻辑清晰、语境切换自如。她讲述的“中国故事”，并非空泛口号，而是深植于制度结构、产业周期与资本配置逻辑之中的系统表达。

此后，我所在的银行曾在比利时首都布鲁塞尔接待她带领的团队，她作为中资机构国际业务一号位选手，穿梭于欧洲多个金融中心，带领中方项目与机构开展跨境合作，系统推进中资金融资产的全球配置。这种以“出海”为核心职责、以跨

制度落地为目标的角色，与许多单点项目参与者不同，她是真正站在最前沿、持续推进中资机构“走出去”的操盘者。

她熟悉欧盟的监管环境，也了解中资在海外常见的“水土不服”问题。更难得的是，她能够提出解决方案，不止于分析，更关注如何“化解制度落差、推动结构适配”。作为多年政府机构、资产管理公司、国际投行工作经验的融合者，她具备“跨界”的能力，在我们这种欧资机构看来，她是极其罕见且值得信赖的合作对象。

我们在多个项目中保持了深度合作，也就中资企业在欧美市场如何更好落地的问题多次展开交流。我非常认同书中强调的一点：全球化的底层逻辑正在转变，从“复制式扩张”转向“适应性融合”，企业要想真正出海，不再是简单地“走出去”，而是要在制度异构、文化差异与金融碎片化的背景中，找到一条可持续的全球化路径。

这本《决胜出海》不是泛泛而谈的战略畅想，而是一份来自实战经验、跨界融合的操作手册。作者总结出的“出海八策”，覆盖餐饮、电商、小家电、科技、文化、新能源、金融等多个领域，既有策略高度，又有细节深度。特别是在金融结构设计、合规安排、资本工具选择等章节，她提供的建议非常实用，很多细节正好回应了我在欧洲市场服务中资企业时所见的“痛点”。

我本人曾长期任职于花旗等欧美大型银行，深谙国际金融运作逻辑。之后加入 Nagelmackers，并参与了中资对欧资银行的收购、整合及后续转让全过程，这些经历让我对“全球化中的制度张力”有非常直观的体会。书中对制度鸿沟、监管错配、文化隔阂等问题的剖析，极具现实针对性，展现出难得的深度与敏感度。

在企业出海过程中，很多中资企业仍以中国市场成功经验为锚，试图将其“照搬”到一个完全不同的市场中。这种路径依赖往往难以为继，甚至带来巨大代价。《决胜出海》的可贵之处，在于它并不推销“某一种模式”，而是倡导在复杂环境中实现“本地重构”“结构适配”的思维方式与战略框架。作者用大量真实案例说明，如何在东南亚、中东、欧洲、非洲等不同区域，调整企业节奏、重构治理方式、重新建立品牌与信任机制。

我尤其认同的一个观点就是：“出海不是走得远，而是落得深。”这句话也是我多年在欧洲与中资企业共同奋斗的真实写照。无论是投资制造业、并购品牌，还是拓展金融业务，真正的难点从来不在产品，而在制度、文化与信任的深水区。这本书正是一本理解“出海纵深”的读本，而非浮于表面的路径指南。

作为一名曾长期任职于欧资与中资金融体系的从业者，我非常乐意将这本书推荐给每一位思考“出海战略”的中国企业家和创业者。它是一本反映时代趋势的实用之书，也是一部展示中国企业国际化能力与信心的智识之作。

——袁志军，欧洲 Nagelmackers 银行前首席执行官、行长

全球化退潮之后，出海才刚刚开始——我为何推荐《决胜出海》

二十多年来，我一直工作在中美企业跨境投资的最前线。2005 年，作为美国州政府首位派驻中国的首席投资代表，我在上海设立了美国南卡罗来纳州商务部门中国代表处。从那时起，中国企业出海赴美投资的热潮初现雏形。而今天，当出海已成为制造业、科技企业乃至中小企业的“战略必答题”时，能系统讲清“全球化如何落地”的专业书籍却寥寥无几。这也是我想推荐《决胜出海》的原因。

作者是我敬佩的咨询行业同行。她曾任职于中国顶尖金融机构，后投身国际战略咨询与海外投资实务工作，长期深耕欧洲、东南亚、中东及拉美市场，既做过国际并购，又操盘过新兴市场的本地建厂，还曾在中国政府机构工作。她带领的团队近年来在东南亚、中东和拉美市场上实现了多个中资项目的全流程闭环落地——从选址、合规、谈判、建厂、营运到政策兑现，真正做到了手把手陪伴中国企业走出国门。这是非常难得的。

也正因有这样的多重背景，她在本书中所展现出的视角，既有国际政策与制度层面的宏观判断，又有贴近企业实务的微观实操洞察。她不是坐在办公室里“研究”出海的人，而是真正站在泥地里，将每一个项目落地的人。

在我看来,《决胜出海》有三点特别值得推荐：

一是她的地缘判断非常清晰。当前地缘政治风险升温，许多企业对“出海”心存焦虑。本书没有一味地回避风险，也没有陷入情绪，而是用理性与体系化的方式，将中美博弈、全球供应链重构、欧洲政策变化、东南亚劳动力趋势等因素逐一拆解，为读者搭建起“出海判断的基本面”——帮助企业厘清是否要走出去、走向哪里、以何种方式推进。

二是作者真正懂“落地”的复杂性。作为一名曾在美国州政府招商系统工作近二十年的人，我非常清楚，一个海外投资项目，不是签个合同、找个律师、注册家公司这么简单。尤其是在美国，地方政府权力分散，企业需要同时面对不同级别的机构、居民社区、基础设施承包商、公用事业公司（如水、电、煤气），以及环保部门、工会、媒体等。任何环节的失误都会导致成本飙升，甚至让项目“流产”。因此在美国，地方政府机构通常更倾向与专业服务机构对接，而非直接与投资方团队沟通。作者非常细致地梳理了不同市场的关键流程节点、文化差异与制度门槛，让中国企业“既有全球野心，又有本地常识”。

三是这本书没有空话，是一本真正面向企业决策者的工具书。现在市面上的很多“出海故事”更多是分享经验或鼓舞士气，但缺乏可落地的路径。本书的不同之处在于，这是一位首席执行官写给另一位首席执行官的“战术手册”。从融资、供应链、合规、管理制度、人力资源、税务结构等维度，指出企业每一步可能遇到的挑战及应对策略。对于真正需要做出“出海决策”的企业负责人而言，这是一份非常有价值的操作指引。

我常说，一个能真正理解“中西制度差异”又能代表中国企业走向世界的人，是这个时代最稀缺的复合型人才。而作者正是这样一位行动派。她将十余年的一线经验、踩过的坑、赢下的仗、看透的格局融入本书中。这不仅是她个人职业生涯积淀的总结，更是送给所有探索“第二增长曲线”的中国企业家的“战略地图”。

我相信,《决胜出海》将成为未来三到五年中国企业走向全球最值得推荐的参考书之一。它不是鼓励盲目扩张的宣言，而是一套经得起推敲、打得赢胜仗的出海方法论。也希望越来越多的中国企业能够用好这本书，在不确定中找到自己的确定。

——林新伟，翎美投资咨询公司 LinVest Investment Consulting LLC 创始人、董事总经理。中美跨境投资与产业合作领域的资深专家，拥有逾二十五年的政府与市场实务经验。早年服务于美国南卡罗来纳州商务厅逾十五年，后担任佐治亚州政府中国首席投资代表，并出任美国各州驻华协会会长

CONTENTS

目 录

引　言
全球变局下的中国机遇：为什么现在是出海黄金期

“志之所趋，无远弗届，穷山距海，不能限也 。”当下，全球局势正处于深度变革与调整的关键节点，地缘政治冲突频发，贸易保护主义与单边主义甚嚣尘上，这些不稳定因素如浓重阴霾，让世界经济发展的前景愈发扑朔迷离。部分国家和地区涌起的逆全球化暗流，不仅冲击着原有的国际经济秩序，还让全球产业链、供应链面临断裂风险，国际贸易增速放缓，各国经济复苏之路充满坎坷。

回顾人类从大航海以来的全球化进程，欧美企业的全球化起步较早，凭借先发优势和强大的资本、技术力量，在全球范围内广泛布局。它们侧重利用全球资源降低成本，追求利润最大化，往往通过并购、设立分支机构等方式，迅速占领国际市场。但这种全球化模式也存在一些弊端，比如在一定程度上造成了资源分配不均，对当地的社会文化融合重视不足，也在一定程度上加剧了发达市场和新兴市场之间贫富分化的情况。

中国拥有庞大且活力四射的市场、完备又先进的工业体系，以及持续创新的科技实力。改革开放激流勇进 40 年，这片土地孕育出了无数优秀的商业模式、龙头企业，以及无数优秀的人才。中国制造业凭借全产业链优势，将劳动的社会性质发挥到极致，高效满足全球多元需求；在数字经济时代，中国互联网企业一马当先，引领全球数字化转型浪潮。凭借这些优势，中国将推动全球化朝着更开放、包容、普惠、平衡、共赢的方向大步迈进。企业出海，是中国深度参与全球经济、共享发展机遇的生动实践，也是中国企业在全新的全球化浪潮中开疆拓土、提升自身价值与国际影响力的关键路径。作为曾负责国企及大型金融机构海外二级市场投资的从业者，笔者积累了对全球市场趋势和跨境投资机会的深刻理解，并在多年后创立了专注企业出海咨询的鲸纬咨询公司，带领团队走遍拉美、中东、东南亚等新兴市场，深入调研当地商业环境，亲眼见证并推动中国模式在全球的实践与发展。

在海外考察的时候，我曾见到这样一个场景，在尼泊尔的蓝毗尼，一个小贩正在用自己改装的柴油机榨甘蔗汁，在烟熏火燎中，他将甘蔗放进轰鸣机器的同时，要迅速躲开，避免自己的手臂被机器压伤，甚至来不及和游客讲话，一直在卖力工作。而在中国广东省的惠州西湖公园，我见到了和他差不多年纪的摊主，推车里放着自动化的甘蔗榨汁机，推车上挂着微信、支付宝二维码，因为都是自动化流程，所以他可以一边轻松地将甘蔗榨成汁，一边和客户愉快地聊天。

如果我们也让尼泊尔蓝比尼村里的小贩用上物美价廉的甘蔗榨汁机，那么他手臂受伤的风险是不是会大大降低？村里的孩子们是不是能够既安全又便捷地喝上一杯鲜甜的果汁？企业出海，既包括那些轰轰烈烈、改变一国命运的超级工程，又包括无数悄然改变普通人生活的小产品、小发明、小改良。它们跨越山海，走进寻常人家，让全球更多人因为中国制造而生活得更好。这就是我想写这本书的初衷。

人类全球化的成果并不少见，但是从未有一个国家，创造过数量如此众多、种类如此丰富的工业产品和消费产品。据统计，中国是全球唯一拥有联合国产业分类中全部 41 个工业大类、191 个中类、525 个小类的国家，工业产品种类超过 500 万种（含细分领域）。中国消费产品种类从改革开放初期的短缺状态，发展至涵盖家用电器、数码电子产品、服装、食品、新能源汽车等数千万种 SKU（库存单位）状态，这在人类历史上还从未出现过。在全球经济前景暗淡的情况下，正是中国企业出海的大时代，我们要把这些优秀的能解决其他国家和地区（特别是经济不够发达地区）问题的好产品和商业模式，推向全球。

在拉美、中东、东南亚等地区深入调研考察并带领中国企业在当地投资落地时，笔者经常听到当地政府官员、企业家和学者真诚地询问："中国是如何有效应对这些挑战的？中国的单一领域商业模式和技术具备哪些独特优势？"他们渴望学习和借鉴这些经验。实际上，越来越多的企业聘任我们作为中国策略顾问，帮助他们理解并运用中国模式，以提升其市场竞争力。中国模式往往因其更贴合当地市场的实际需求和发展阶段，比传统的欧美方案更具实用性和可复制性。这不仅为相关国家的发展注入了新活力，还为中国企业带来了更广阔的发展空间，实现了互利共赢、携手共进的全球发展格局。

回首往昔，中国企业的出海历程堪称一部波澜壮阔、令人热血沸腾的奋斗传奇。从改革开放初期的小心翼翼，少数企业试探性地踏入国际市场，到如今"长风破浪会有时，直挂云帆济沧海"，众多中国企业已在全球舞台大放光彩。这其中凝聚着无数企业家的心血与智慧，承载着中华民族伟大复兴的宏伟梦想。多年来，中国企业不断突破自我，在海外市场闯出广阔天地，并取得举世瞩目的成就。在制造业领域，中国产品以物美价廉畅销全球；在高科技领域，中国的创新成果惊艳世界；在基础设施建设领域，“中国速度”成为闪亮名片；在文化输出领域，“中国魅力”在全球广泛传播。中国企业的身影遍布世界各个角落，中国品牌的影响力与日俱增。

在新时代背景下，“一带一路”倡议已转化为一个充满活力的区域合作引擎，连接了亚欧非新兴市场，为中国企业出海创造了丰富且多元的发展机遇。

借助这一合作平台，中国企业不仅深耕传统基建和制造业，还积极推动数字化转型与绿色发展，助力沿线国家实现产业结构升级和可持续增长。在东南亚，中国互联网企业带去便捷高效的数字生活，改变了当地人的生活方式；在非洲，中国基建企业助力当地实现从落后到繁荣的华丽转身，推动当地经济飞速发展；在欧洲，中国新能源汽车凭借卓越性能和领先科技，赢得消费者的高度认可和青睐。

然而，出海之路绝非坦途，充满各种未知挑战。不同国家和地区有着迥异的文化背景、复杂烦琐的法律法规，以及激烈残酷的市场竞争，每一项挑战都如同隐藏在海面下的暗礁，时刻考验着企业家们的智慧与勇气。为了助力广大企业家在这条充满机遇与挑战的出海之路上稳步前行，笔者结合自己多年在投行等金融机构负责海外市场投资、业务拓展及企业出海领域咨询的深度实践，撰写了这本书。

本书深入剖析了企业出海落地时可能面临的一系列关键问题，从出海目的地的精准选择，到当地办公室的合理设立；从人员的高效招聘与管理，到资金的安全运作与合规经营，每一个环节都提供了切实可行、极具操作性的解决方案。同时，本书聚焦餐饮、跨境电商、小家电、科技创新、新能源、建筑、文化娱乐、金融八大热门行业，通过深度剖析行业痛点、分享真实成功案例、精准捕捉潜在机遇，揭开行业出海的核心秘诀。无论你是刚刚踏入商业领域的新手，还是在出海之路上经验丰富的老将，这本书都将成为你最可靠的伙伴，在全球化浪潮中为你指引方向，保驾护航。让我们携手并肩，在这波澜壮阔的出海大时代乘风破浪，驶向辉煌的未来。

1

第一部分

战略筑基篇：六招助力企业家，从 0 到 1 破解出海难题

在全球化的浪潮中，中国企业正站在一个前所未有的历史节点上——全球化布局。随着国内市场竞争的日益激烈和政策环境的变化，越来越多的企业将目光投向了更加广阔的国际市场。这不仅是为了寻找新的增长点，更是为了在全球价值链中占据更有利的位置。然而，出海并非易事，它需要企业家们具备前瞻性的视野、灵活的战略思维以及扎实的执行能力。

第一章
蓝海导航：出海战略规划

国别选择是全球化布局的“第一颗纽扣”，直接决定了资源配置效率与市场拓展动能。欧美市场成熟规范但属于竞争红海，中东需求旺盛却文化壁垒高筑，东南亚增长迅猛可基础设施有待完善，拉美潜力巨大不过伴随政策波动——每个区域都是机遇与挑战并存的复合体。企业需通过锁定战略锚点，避免“撒胡椒面式”扩张。精准的初始航向选择，往往比后续的航行速度更重要。

第一节
选对方向，赢在起点：欧美、中东、东南亚还是拉美

国别选择对于出海企业的重要性不言而喻，它直接关系到企业的市场表现、成本控制以及长远发展。选择正确的国家或地区作为拓展市场的第一步，就像是在大海航行中选对了方向。

选对国家，利润翻倍

因在投资行业做了很多年，我深知一件事，不同行业、不同公司，甚至不同产品，在不同国家、不同地区的利润千差万别，产品的价值往往不仅在于本身，还在于它处于什么样的位置，被谁拥有。

就以大家最常见的3C数码电器为例，不同电器在不同国

家的利润率完全不同，如表 1-1 所示。

表 1-1　不同国家电器产品利润率情况示意表

国家	利润率	原因
美国	5%~10%	市场竞争激烈，成熟市场；较高的运营和营销成本，但有庞大的消费群体
德国	6%~12%	高需求的优质产品，强大的制造能力，高劳动和监管成本，但分销效率较高
中国	10%~20%	低劳动力成本和高效的制造能力；庞大的市场，但本地竞争激烈，监管挑战较大
印度	8%~15%	拥有不断增长的中产阶层，较低的制造成本，但高额的进口关税和分销效率低下影响利润率
日本	7%~15%	技术先进的消费者群体对高端家电有需求；本地品牌竞争激烈，拥有稳定的经济环境
巴西	5%~10%	高进口关税、通货膨胀和物流成本削弱了利润率；拥有庞大的人口和对消费品的需求增长
韩国	7%~14%	对高端和创新产品的需求强烈，本地品牌竞争激烈，拥有高效的物流
墨西哥	6%~12%	中产阶层不断增长，靠近美国，但有较高的进口关税；较低的劳动力成本有助于保持盈利能力
阿拉伯联合酋长国	10%~20%	高端商品和智能家电需求强劲，免税环境和强大的消费支出促进了利润率的增长
南非	4%~8%	市场规模较小，购买力较低；较高的物流和进口成本削弱了利润率

数据来源：鲸纬咨询根据公司年报整理，2024 年。

总结来看，出海去哪儿就是国别研究，它之所以重要，在于可以为企业提供四个关键指导。

- **把握市场机遇。**通过分析各国的经济发展趋势、消费者行为模式及行业动态，企业能够识别最具潜力的市场，了解目标市场的规模与增长速度，从而做出明智的投资决策。例如，一个专注于健身器材制造的企业可能会发现拉丁美洲某国由于中产阶层崛起，人们对健康生活方式的关注度提高，因此该地区对高品质健身产品的需求正在快速增长。

- **规避文化风险。**不同国家的文化背景千差万别，从语言到社会习俗，再到宗教信仰，这些都可能影响产品的接受程度。比如，某些颜色或图案在当地可能具有特殊含义，如果不小心触犯了当地的文化禁忌，那就可能导致品牌形象受损。所以，深入理解并尊重当地文化可以帮助企业在营销活动中更精准地定位受众，增强品牌亲和力。

- **降低法律风险。**各国法律法规差异显著，特别是关于知识产权保护、数据隐私、劳动法等方面的法律规定。一旦违反，企业不仅会面临巨额罚款，还可能遭受声誉损失。因此，充分了解目标市场的法律框架有助于企业提前规划合规措施，确保经营活动合法有序。

- **优化资源配置。**通过对不同市场的详尽调研，企业可以评估各地区的成本结构（如劳动力成本、原材料价格等），以及基础设施状况（如物流运输条件）等因素，以此为依据合理布局生产设施、销售渠道和其他资源，实现效率最大化。

以丰田在美国和印度的不同发展状况对比来看，美国作为全球最大的汽车消费市场之一，拥有成熟的汽车产业和激烈的竞争环境。自 1957 年起，丰田开始向美国出口车辆，并逐步建立了本地生产和销售网络。丰田在美国取得巨大成功的关键在于，它能够灵活适应市场需求，推出符合美国人偏好的大尺寸、高性能车辆，如丰田赛那（Sienna）小型货车和丰田红杉（Sequoia SUV）等车型。此外，丰田以其可靠耐用的品牌形象赢得了消费者的信任，特别是在 20 世纪 80 年代后期，当美国本土品牌面临质量问题时，丰田凭借其高品质的产品迅速抢占了美国的市场份额。通过精益生产和高效的供应链管理，丰田不仅提供了具有竞争力的价格，还保持了良好的利润率。随着对燃油效率和环境保护的关注日益加剧，丰田推出了混合动力车型丰田普锐斯（Prius），成为这一领域的先驱者，并在市场上获得了巨大的成功。丰田最终成为美国最畅销的进口汽车品牌，甚至在部分年份超越传统巨头通用汽车，登顶美国市场销量第一。

相比之下，丰田在进入印度市场的过程中遇到了一系列挑战。印度是一个快速发展的新兴经济体，拥有庞大的人口基数，但人均收入水平较低，且道路基础设施不够完善。丰田于 20 世纪 90 年代初进入印度市场，初期未能充分理解并响应印度消费者的特殊需求，导致产品定价相对较高，限制了其市场渗透率。同时，它还面对着来自韩国现代、印度本土塔塔集团以及其他国际品牌的激烈竞争，这些竞争对手往往能更好地满足当地市场需求。此外，印度政府对外资企业设有一系列严格的法规和关税壁垒，增加了运营难度。为了改善其在印度的表现，丰田后来采取了一系列措施，包括推出更适合当地条件的小型车，加强本地化生产，以及提升售后服务质量等。尽管如此，丰田在印度的增长速度远不及其在美国的成绩。这一案例显示出即使是在同一行业内，选择不同的国际市场也会带来不同的业绩结果。

通过以上案例可以看出，企业在规划国际化战略时，必须深入研究目标市场的具体情况，才能制定出最适合自身的商业策略，从而最大化盈利能力。

实战工具

基于多年来对众多出海目的地和企业的实地访谈、考察及咨询服务，并结合国际政治经济学的研究成果，我总结出了一套模型与方法论，旨在帮助企业更好地选择出海国别。这套框架由两部分组成，一是地缘政治前瞻力，二是七维资源优势力。

地缘政治前瞻力

这里给大家提供一个地缘政治的分析框架（图 1–1、图 1–2），大家在看新闻时可以按照这个框架进行信息搜集，以便更系统

图 1-1 地缘政治六大框架

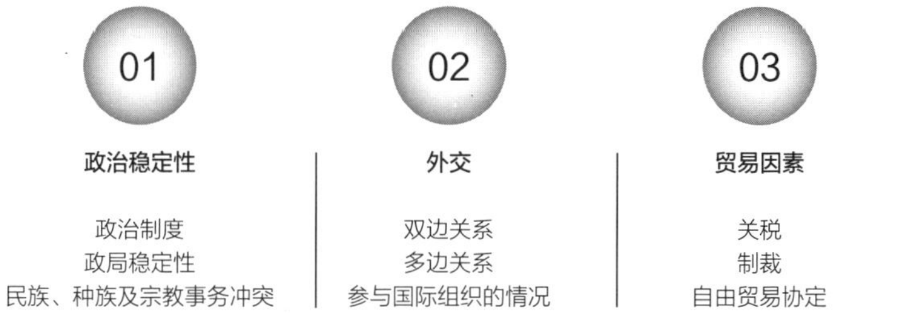

图 1-2 地缘政治三大因素

地分析出海国别的情况。

未来几年，随着美国形势的变化，美国国内孤立主义抬头，可能给中国带来很多区域性的机会。夹在中美两国之间的国家在地缘政治上的选择，越来越会出现“以追随谋安全、以灵活求自主”的状态，避免被大国绑定，要充分保留选择的可能。在这种情况下，中国出海企业要提高对新兴市场的重视。战争不一定会发生，但是美国侧重软性遏制，可能会通过科技封锁、出口管制和投资限制等方式牵制中国和东南亚、拉美、中东等地区的关系。

那么关于地缘政治，未来各地区的机遇和风险集中表现在哪些方面呢？

- **东南亚**

在中美贸易摩擦持续背景下，东南亚国家凭借成本优势和政策激励，成为全球产业链转移的重要承接者，贸易转移效应显著。但部分国家受外部势力影响，外交政策不确定性增加，可能对地区战略格局带来潜在挑战。区域内海洋权益相关议题依然存在，区域局势复杂化，既有合作又有对抗，整体维持动态平衡。

- **中东**

中东地区局势长期复杂多变，未来十年仍面临诸多不稳定因素，地区内各方关系的协调与平衡仍需持续努力。该区域在全球地缘格局中具有特殊战略地位，多方力量在此互动博弈，形成动态平衡。作为世界能源供应链的关键节点，该地区的稳定对国际能源市场具有重要影响。各方需加强对话合作，共同维护地区和平与发展。

• 欧洲

近年来，欧洲面临通胀加剧、气候变化挑战和移民问题带来的多重考验。政治格局呈现一定调整趋势，部分国家的政策方向发生变化，给区域合作带来新的不确定性。移民议题持续成为社会热点，不同立场的讨论也会影响公共政策制定和市场环境。与此同时，英国与欧盟的关系进入新阶段，双方正努力适应新的合作模式。总体来看，欧洲正处于深刻转型期，各方都在积极探索更加持续和包容的发展道路。

• 拉丁美洲

近年来，拉丁美洲面临经济转型和社会发展的多重挑战，通胀和货币波动成为该地区的普遍困扰。部分国家因经济动荡引发人口流动，对区域安全和治理提出新的考验。由于政治经济政策不断调整，各国也在探索不同的发展路径。尽管区域一体化组织持续推动合作，但在若干关键议题上仍需协调，营商环境因此存在一定的不稳定性。总体来看，拉美各国正努力在变革中寻求更加稳健和可持续的发展方向。

• 其他地区

南亚地区作为全球经济增长的重要引擎之一，正展现出蓬勃的发展活力。其区域内人口结构年轻，消费市场持续扩容，数字经济和制造业竞争力不断提升。在区域合作方面，南亚各国正积极探索更紧密的经贸联系，跨境基础设施互联互通取得积极进展。与此同时，区域经济一体化进程中的协调与合作也面临新的机遇与挑战。对国际企业而言，深入了解当地市场特点，积极适应多元文化环境，构建互利共赢的合作模式，将成为把握南亚市场机遇的关键所在。

非洲大陆正处于充满活力的发展转型阶段，城镇化进程以全球最快的速度推进，工业化步伐不断加快。这片大陆拥有丰富的人力资源和自然资源优势，数字经济、绿色能源等新兴领域展现出巨大潜力。与此同时，减贫事业取得积极进展，公共卫生体系建设持续完善，区域安全合作机制逐步健全。国际社会通过中非合作论坛、“一带一路”倡议等多边平台，为非洲基础设施建设、产业升级和人才培养提供了有力支持。在充满机遇的同时，投资者也需要注意到非洲各国发展阶段的差异性，以及不同市场在政策环境、文化习俗等方面的独特性。除了地缘政治的洞察，企业选择出海目的地还需要根据各国经济、文化、禀赋条件等进行分析。笔者常年带领鲸纬咨询为企业提供咨询，总结出了七维资源优势力模型，这是企业衡量出海目的地非常好的分析框架。

七维资源优势力

七维资源优势力主要由七个核心要素构成：制度距离、文化距离、地理距离、市场规模、基础设施、外资开放度及自然资源丰富度，见图 1–3。

图 1–3　七维资源优势核心要素

第一，制度距离。制度距离指的是目标市场与母国之间的法律、政策、监管体系等方面的差异程度。这种差异会影响企业的运营成本、合规风险以及长期发展的稳定性。了解并适应当地法律法规是企业进入新市场的首要任务。例如，不同国家对于知识产权保护、劳动法、税收政策等方面的规定各有不同，企业在评估目标市场时必须充分考虑这些因素，确保其商业模式能够符合当地的法律要求。

这里给大家举一个知识产权保护的例子。中国某科技公司计划将其最新研发的智能手机推向美国市场。然而，中美两国在知识产权保护方面存在显著差异。在美国，专利和版权法非常严格，执行力度大，企业需要确保其产品不会侵犯他人的专利权或版权。相比之下，中国的知识产权法律体系虽然也在不断完善，但在某些领域如软件和互联网内容的保护上仍有改进空间。因此，这家中国公司在进入美国市场之前，必须进行详细的知识产权审查，并可能需要调整产品设计以避免潜在的法律纠纷。

第二，文化距离。主要涉及语言、价值观、社会习俗等方面的差异。深刻理解并尊重当地文化有助于企业避免触碰禁忌，增强品牌认同感，可以有效地进行市场营销。比如，在某些文化中，颜色或符号可能具有特定含义。在不同地区，消费者的行为模式和购买习惯会有其独特性。通过深入了解目标市场的文化特征，企业可以设计出更加贴近当地需求的产品和服务，从而提高市场接受度。在此举一个关于颜色与符号文化意义不同的例子，一家法国时尚品牌打算在日本推出新款手袋系列。在日本文化中，白色通常与婚礼相关，象征纯洁；而黑色则多用于葬礼场合。如果该品牌在日本市场推广一款主打黑白配色的手袋，可能会引起消费者的误解或反感。为了避免这种情况，品牌团队深入研究了日本的颜色文化，并决定为日本市场定制一款特别版手袋，采用了更受欢迎的粉色和金色作为主色调，从而提高了产品的接受度和销售量。

第三，地理距离。地理距离不仅指实际距离上的远近，还包括交通便利性、物流网络成熟度等因素。较短的地理距离通常意味着更低的运输成本和更快捷的服务响应速度，但同时也需要考虑到目标市场的可达性和供应链管理难度。特别是在选择生产基地或分销中心的位置时，地理距离是一个重要的考量因素。我们可以把物流成本与响应速度当作是否值得进行投资的衡量标准。

例如，一家德国汽车制造商考虑在巴西设立生产基地。尽管巴西拥有丰富的自然资源和庞大的消费市场，但其地理位置远离欧洲总部，增加了运输时间和成本。此外，巴西国内的交通基础设施相对薄弱，特别是内陆地区的公路网络不够发达，这进一步影响了供应链效率。考虑到这些因素，公司最终选择在墨西哥建立工厂。墨西哥不仅拥有完善的港口设施和发达的物流体系，更因其与美国的自由贸易协定，商品能够更便捷地进入北美市场，从而显著降低运营成本并提高交货速度。

第四，市场规模。市场规模反映了潜在客户群体的数量及消费能力。大而富裕的市场往往提供了更多的商业机会，但也伴随着激烈的竞争。相反，较小但快速增长的市场可能隐藏着未被开发的机会。企业在决定是否进入某一市场之前，应该仔细评估该市场的现有规模和发展潜力，以及自身产品或服务在该地区的竞争优势。

例如，一家韩国化妆品公司评估了印度尼西亚（以下简称印尼）市场的潜力。印尼是东南亚地区人口较多的国家之一，近年来随着经济快速发展，中产阶层群体迅速扩大，对高品质个人护理产品的需求不断增加。尽管目前印尼市场的竞争激烈且消费者偏好多样化，但该公司仍认为这是一个极具吸引力的市场，因为它看到了未来几年内这一细分市场的巨大增长潜力。通过针对性地开发适合当地气候条件和皮肤类型的护肤产品线，韩国公司成功打入印尼市场，并实现了快速增长。

第五，基础设施。基础设施包括交通、通信、电力供应等硬件设施的质量和普及情况，这对企业的日常运营至关重要。良好的基础设施可以降低运营成本、提高效率，反之则可能导致额外的成本支出或业务中断的风险。因此，在选择出海目的地时，企业应优先考虑那些拥有完善基础设施的地方。

例如，一家印度太阳能光伏板制造商计划扩展非洲市场。在选择具体目标国家时，电力供应的稳定性和普及程度成为关键考量因素之一。例如，在肯尼亚，政府积极支持可再生能源发展，并致力于改善全国范围内的电力覆盖情况。相比之下，一些西非国家由于电网建设滞后，经常遭遇停电问题，这对依赖持续电力供应的企业构成了重大挑战。因此，印度公司优先选择了肯尼亚作为首个非洲市场的切入点，以便更好地利用当地的政策环境和技术资源，同时减少因电力不稳定带来的经营风险。

第六，外资开放度。外资开放度衡量的是东道国对外来投资的态度和支持力度，比如是否有吸引外资的优惠政策、简化审批流程、提供财政补贴等措施。高外资开放度的国家通常对企业更为友好，减少了设立分支机构或开展业务的障碍。了解并利用这些政策优惠可以帮助企业在初期阶段节省成本，加速市场进入进程。

例如，一家美国制药公司考虑在中国设立研发中心。中国政府为了吸引外资和技术转移，对外资企业在特定行业提供了多项优惠政策，包括减免所得税、加速折旧等措施。特别是在生物医药领域，政府鼓励外国投资者参与创新药物的研发合作项目，并给予相应的财政补贴和支持。基于这些有利条件，美国公司决定在上海建立一个高水平的研发中心，享受到了一系列税收优惠政策，同时也促进了与中国科研机构的合作交流，加速了新药研发进程。

第七，自然资源丰富度。自然资源丰富度指的是目标地区是否拥有企业所需的原材料或其他自然资产。对于依赖特定资源的行业来说，这一点尤为重要。丰富的自然资源不仅可以降低采购成本，还可能成为吸引投资的优势条件之一。然而，企业也需要注意资源开采过程中可能面临的环境和社会责任等问题。

例如，一家加拿大矿业公司计划在澳大利亚西部地区开展铁矿石开采业务。澳大利亚以其丰富的矿产资源闻名于世，尤其是其西部蕴藏着大量的高质量铁矿石。对于依赖原材料进口的钢铁生产企业而言，直接在当地开采可以显著降低成本，并确保稳定的供应链。然而，矿业公司在开采过程中也面临严格的环境保护要求和社会责任压力，比如要妥善处理尾矿库的安全管理问题，还要维护与当地原住民社区的关系等。通过遵循可持续发展的原则并与当地政府和社区紧密合作，这家公司不仅实现了经济效益的最大化，还树立了良好的企业形象。

以上每个维度的例子都展示了企业在国际化进程中所面临的实际挑战和机遇，显示出全面理解目标市场的重要性。通过仔细分析这些因素，企业可以制定更加科学合理的出海战略，从而提高成功率并实现长期稳定的发展。

那么你一定很想知道，对于你所在的行业，哪些因素更为重要吧？根据对不同行业前景、市场规模的研究，我做了以下表格对照（表 1–2、表 1–3、表 1–4），在做市场调研时，你可以把出海国家或者区域的情况列在旁边，帮助你做出更好的选择。

表 1–2　行业前景三大因素

行业	第一大因素	第二大因素	第三大因素
制造业	基础设施	外资开放度	制度距离
服务业	外资开放度	市场规模	文化距离
金融业	外资开放度	制度距离	市场规模
高科技产业	制度距离	基础设施	外资开放度
农业	自然资源丰富度	市场规模	基础设施
能源业	自然资源丰富度	基础设施	外资开放度
矿业	自然资源丰富度	基础设施	外资开放度
渔业	自然资源丰富度	基础设施	市场规模
旅游业	文化距离	基础设施	市场规模
零售业	市场规模	基础设施	文化距离

数据来源：鲸纬咨询根据 IMF、世界银行及 OECD 等国别数据整理，2024 年年底。

表 1–3　区域收入及进出口贸易额

地区	国内生产总值（美元）	人口数量	人均国民收入（美元）	进出口总额（美元）
西欧	17.17 万亿	4.492 亿	38 300	7.5 万亿

续表

地区	国内生产总值（美元）	人口数量	人均国民收入（美元）	进出口总额（美元）
中东欧	1.8 亿	1.2 亿	10 000	2.2 万亿
北美	26 万亿	3.7 亿	60 000	8.45 万亿
拉美	5 万亿	6.6 亿	9000	2.8 万亿
东南亚	3.5 万亿	6 亿	4000	3.5 万亿
中东	3.6 万亿	4.3 亿	10 000	2.5 万亿
中亚	0.4 万亿	0.75 亿	6000	0.25 万亿
非洲	3 万亿	14 亿	1500	1.5 万亿

表 1-4　行业涉及人口规模及进出口总额

行业	国内生产总值	人口规模	人均国内生产总值	进出口总额
零售与消费产品	高	非常高	高	中
金融服务	高	中	非常高	高
科技与互联网	高	非常高	高	中
制造业	高	高	中	高
能源与资源开发	高	高	中	高
基础设施建设	非常高	高	中	低
医疗健康	高	高	高	低
教育	高	高	高	低
旅游与休闲	中	高	高	高
农业与食品加工	高	非常高	中	中

第二节
出海模式：轻资产还是重投入

在企业国际化进程中，是否在目标市场组建团队及设立本地办公室，是一个需要综合考量的战略决策。这个选择犹如一把双刃剑，一方面，过早或过度的本地化可能会带来沉重的成本负担和管理复杂度；另一方面，过于保守的远程运营又可能会错失市场机会，影响品牌建设。这既关系到短期的投入产出比，又影响着企业在当地市场的长期发展潜力。因此，企业需要跳出非此即彼的二元思维，在“完全本地化”和“远程运营”之间找到一个最适合自身发展阶段、行业特性和目标市场特点的平衡点。这个平衡点的确定，需要建立在对市场特性、行业规律、成本结构、管理效率、合规要求和战略目标等多个维度的系统评估基础上，最终做出既务实又具前瞻性的决策。从战略层面来看，这一决策需要系统性地考量以下六个关键维度。

六大关键维度

第一，市场进入阶段

- **初期探索阶段**

不需要设置：如果企业正处于市场调研和初步测试阶段，可能没有必要立即设立实体办公室。此时可以通过远程合作、代理或合作伙伴网络来了解市场动态。

需要设置：对于某些高度依赖面对面互动的行业（如金融服务、高端奢侈品），即使是在探索期，也可能需要设立临时办事处以建立信任并收集第一手信息。

- **扩展阶段**

需要设置：一旦确定了市场需求并且业务开始增长，设立本地办公室可以加强客户关系管理、提高响应速度，并更好地满足当地法规要求。

第二，行业特性

- **低接触行业（如电子商务、软件服务）**

不需要设置：这类行业的运营模式通常较为灵活，依赖互联网和技术平台，因此可以在不设立实体办公室的情况下有效运作。通过在线客服、物流合作伙伴等方式，公司仍然能够提供优质的服务。

- **高接触行业（如制造业、零售业、医疗保健）**

需要设置：这些行业往往涉及复杂的供应链管理、售后服务或直接面向消费者销售，设立本地办公室有助于更高效地协调资源、处理突发事件，并树立良好的品牌形象。

第三，成本与收益分析

- **成本敏感型行业（如消费品制造、服装纺织）**

不需要设置：当边际成本较低且规模效应明显时，可以通过外包生产或利用现有分销渠道降低成本，避免前期大量投资于本地基础设施建设。

- **利润空间较大的行业（如制药、高端科技）**

需要设置：较高的利润率允许企业在早期就投入更多资源用于市场开拓和品牌建设，设立本地办公室可以帮助更好地保护知识产权、优化供应链，并确保产品质量控制。

第四，法律与合规需求

- **严格监管行业（如金融、医药、食品）**

需要设置：对于受到严格监管的行业，设立本地办公室有利于及时获取当地的法律法规更新，并确保所有操作符合当地标准，减少潜在的法律风险。

- **宽松监管行业（如创意产业、数字内容）**

不需要设置：如果所在国家对相关行业的规定相对宽松，则无须急于设立正式机构，可以先通过轻资产的方式试探市场反应。

第五，人才获取与团队管理

- **人才密集型行业（如信息技术、咨询服务业）**

需要设置：为吸引顶尖人才并促进团队协作，设立本地办公室是非常必要的。提供稳定的办公环境，便于招聘、培训和发展员工队伍。

- **非人才密集型行业（如传统农业、初级加工）**

不需要设置：对于那些对劳动力技能要求不高或者可以通过远程工作完成任务的行业，设立实体办公室的意义不大，可以考虑与其他企业共享设施或采用灵活的远程工作安排。

第六，品牌建设与市场影响力

- **品牌驱动型企业（如奢侈品、高端消费品牌）**

需要设置：为了强化品牌形象并提升市场份额，设立本地办公室可以在营销活动、公共关系等方面发挥重要作用，同时也能更好地维护品牌的一致性和专业性。

- **产品驱动型企业（如普通消费品、工具类商品）**

不需要设置：如果企业的核心竞争力在于产品的质量和性价比而非品牌故事，那么不一定非要设立实体办公室，而是可以通过有效的广告宣传和分销策略来推广产品。

为何大型互联网企业要在海外设置办公室

随着科技的发展和国际关系的变化，一些行业在是否考虑设置办公室时也有了其他评估因素。给大家举个字节跳动公司的例子，截至 2024 年年底，字节跳动在国内超过 80 座城市设有超过 230 个办公点，全球覆盖约 30 个国家共计超过 300 个办公点。国内办公室分布以北京为主，海外办公点遍布英国、美国、俄罗斯以及非洲等多个国家和地区。

面对美国、印度的禁令，字节跳动选择加速海外办公点的建立。目前，字节跳动在全球范围内设立了多个重要办公点和研发中心，涵盖洛杉矶、纽约、伦敦、新加坡以及爱尔兰的都柏林等。国内方面，南京、武汉、成都、厦门是其重要的研发和运营基地。此外，美国西雅图也设有技术研发中心。

在东南亚市场，字节跳动在新加坡设有区域总部，以便更有效地推动本地化运营和跨国协作。这样的全球化布局，帮助公司实现了对多元市场的深度覆盖和快速响应。

那么，字节跳动为什么要这么做呢？

全球化布局与品牌中立化

字节跳动在世界各地设立办公地点，并积极招募当地高级管理人员，旨在构建一个不局限于任何单一国家背景的全球品牌形象。例如，在北美市场，字节跳动选择了具有丰富行业经验的人士，如前油管网（YouTube）创意总监瓦妮莎·帕帕斯（Vanessa Pappas）担任关键职位，这样的策略有助于公司更紧密地贴近不同地区的商业实践和文化习惯，降低跨国运营中可能遇到的政治和社会敏感性问题。值得注意的是，尽管抖音海外版（TikTok）在全球范围内迅速崛起，但它也曾面临来自不同市场的监管挑战。比如，在印尼和印度，TikTok 曾由于内容管理问题遭遇短暂的服务中断；而在北美，关于数据隐私和国家安全的关注使得 TikTok 接受了严格的审查，并促使公司采取了一系列措施来确保合规性和用户信息安全。

本地化经营以增强适应性

为了更好地服务各地用户并提高市场份额，字节跳动推行了深入的本地化策略。比如，在澳大利亚，TikTok 邀请了曾在谷歌担任要职的李·亨特（Lee Hunter）出任总经理，同时吸引了多位同样来自谷歌的专业人士加入其团队。这些举措不仅加深了对当地市场需求的理解，还加强了与地方当局及社区之间的联系，为应对复杂的法律环境提供了有力支持。

技术驱动的国际化发展

字节跳动深知先进技术对其全球扩张的重要性，特别是在人工智能（AI）算法方面所取得的优势成为其核心竞争力之一。公司在海外设立了多个研发中心和技术团队，致力于将先进的数据分析和机器学习能力融入各种产品和服务之中。无论是资讯类应用还是短视频平台，字节跳动的产品均依赖于强大的人工智能技术支持，这使得它们能够在海外市场保持领先，并不断推出符合当地消费者偏好的创新解决方案。

多元化业务拓展

随着全球化进程的推进，字节跳动不仅局限于短视频领域，还积极探索新的增长点。除了继续巩固 TikTok 的成功之外，公司还在音乐流媒体［例如瑞索（Resso）］、社交网络以及其他相关领域进行了广泛的投资和发展。尤其是在南亚和东南亚地区，瑞索作为一款结合社交元素的音乐流媒体应用程序，自推出以来便受到了热烈欢迎，并与多家国际知名唱片公司建立了合作关系，进一步丰富了公司的产品线和服务范围。

汇聚全球精英力量

字节跳动高度重视人才引进，力求在全球范围内吸引优秀的人才。凭借其广阔的事业平台和发展前景，许多资深专业人士纷纷选择加入字节跳动，其中包括不少来自谷歌、元（Meta）等顶级科技企业的高管和技术专家。它的伦敦办公点就是一个很好的例子，那里汇集了一批来自谷歌的顶尖人才，他们在各自的领域内拥有丰富的经验和深刻的见解，为字节跳动带来了宝贵的资源和竞争优势。此外，从竞争对手那里获得的人才流动也为公司注入了新鲜血液，促进了内部知识共享和技术进步。

综上所述，是否在目标市场设立本地办公点取决于多个因素的综合考量。企业应根据自身的行业特点、发展阶段、成本结构、法律要求及品牌定位等因素进行权衡。通过应用上述框架，可以帮助企业家们更加系统地评估设立本地办公室的必要性，从而制定出适合自身情况的战略决策。

从台积电的案例中，我们可以学到什么

台积电在复杂的全球地缘政治环境中推进其国际化战略，面对诸多挑战时采取了灵活应对措施。为了支持全球化扩张和加速海外业务的高效运作，台积电已经增设海外营运办公室（Overseas Operations Office，OOO），专门负责监督和管理公司在国外建设的晶圆厂，特别是位于美国亚利桑那州和日本熊本县的新工厂。

在全球各国政府积极促进半导体制造业回流本国并构建安全供应链的趋势下，台积电作为全球领先的芯片制造商，成为多个国家争取的对象。为了保持其在代工领域的领导地位，台积电不得不加快海外扩展的步伐。

设立海外营运办公室是台积电为确保大型投资项目顺利进行而采取的重要步骤之一。这个新设机构不仅有助于协调不同国家之间的运营差异，还能更好地处理建厂过程中涉及的复杂流程，比如与当地政府谈判、提供人力资源和技术支持等。

许多时候，海外办公室就是企业在海外非常重要的触角。通过设立海外营运办公室，企业能够优化资源配置，克服诸如高昂的人力成本、监管难题以及市场需求波动等障碍，从而确保其在全球市场上的竞争力。

长远来看，这种先行一步的做法将帮助企业积累宝贵的经验，为其后续建立新的生产基地打下坚实的基础，并最终提升整个公司的海外运营效率。尽管存在成本升高的风险，但此举对于其全球化发展至关重要。

第三节
团队搭建：招当地人还是中国人

在构建国际化团队时，企业需要把握“战略适配、业务需求、人才发展”三大核心原则。这本质上是一个动态平衡的过程：既不能简单照搬国内团队架构，又不宜过度追求本地化。关键在于根据企业所处发展阶段、行业特性和目标市场的特点，找到最适合的团队配置方案。就像搭积木一样，每个职能模块的本地化程度都需要精心设计——哪些岗位必须外派？哪些职位适合本土化？如何建立高效的跨文化协作机制？这些决策的底层逻辑，始终要回归到“用最小管理成本获取最大市场价值”这一根本原则上来。最终形成的团队架构，应该是一个既能快速响应本地需求，又能保持全球战略协同的有机整体。

战略适配

管理层：出海战略的领航者

管理层是出海企业的“指挥官”，其角色对于确保公司海外业务的成功至关重要。目前，企业通常采取两种模式来确定这一关键职位的人选。

- **国内派驻型**。这些管理者在国内经过了充分的培训，对公司产品、管理体系和流程有深刻理解，并且在掌握跨文化沟通技巧后被派往海外市场。他们直接向国内总部汇报工作，确保了决策的一致性和连贯性。

- **当地招聘型。**另一种方式是在目标市场招募熟悉当地环境的专业人士，包括但不限于华人或本地人。前者可以作为桥梁促进国内外团队之间的交流，而后者则因其深厚的本土知识和人脉资源成为强有力的领导者。不过，后者可能需要更多时间与国内团队建立默契。

销售团队：市场的开拓先锋

销售团队负责在当地建立渠道并推动业务增长。他们是企业打入新市场的先遣部队，无论是面向企业（B2B）还是面向个人消费者（B2C），优秀的销售人员都是确保初期成功的关键。因此，建议优先选用那些自带丰富资源和经验的人才，以快速打开局面。

职能支持人员：运营体系的稳定器

职能支持人员覆盖了从财务到行政、人事、法律及风险管理等多个领域。此外，还包括以下特定领域的专家。

- **信息技术（IT）。**负责维护公司的信息系统，确保数据的安全性和系统的稳定性。特别是在跨国业务中，IT 团队还需要解决跨境数据传输的问题。
- **供应链管理。**确保原材料采购、生产和物流配送的有效运作，特别是当涉及多个国家和地区时，供应链管理尤为重要。
- **市场营销与品牌建设。**随着企业的发展，营销团队会逐渐扩大，致力于提升品牌知名度，吸引新客户，并保持现有客户的忠诚度。品牌团队则关注品牌形象塑造和传播，确保在全球市场上保持一致的品牌认知。

售前售后团队：客户体验的保障者

- **售前团队。**这个团队专注于为潜在客户提供技术支持和服务，帮助客户了解产品或服务如何满足他们的需求。售前工程师和技术顾问通常会在销售过程中提供演示、定制解决方案以及技术咨询等服务，确保客户能够做出明智的选择。
- **售后团队。**售后服务则是为了保证客户在购买之后获得持续的支持和服务。这包括安装调试、维修保养、故障排除、软件更新等技术服务，还有客户服务代表处理客户的反馈和投诉。随着 AI 和自动化工具的应用，一些企业也在探索使用智能客服系统来提升效率和服务质量。

其他配置团队：专业领域的补充力量

根据企业的具体业务需求，还会设置其他专业的配置团队，例如：

- **公共关系（PR）与政府事务。**负责处理媒体关系，组织公关活动，同时与当地政府机构保持良好沟通，帮助企业应对政策变化带来的挑战。
- **研发（R&D）。**如果企业在海外设有研发中心，则需要配备相应的科研人员，以推动技术创新和开发新产品。
- **法务部门。**提供法律咨询服务，帮助处理合同签订、知识产权保护等问题，确保所有商业行为都符合当地的法律法规。见图 1–4。

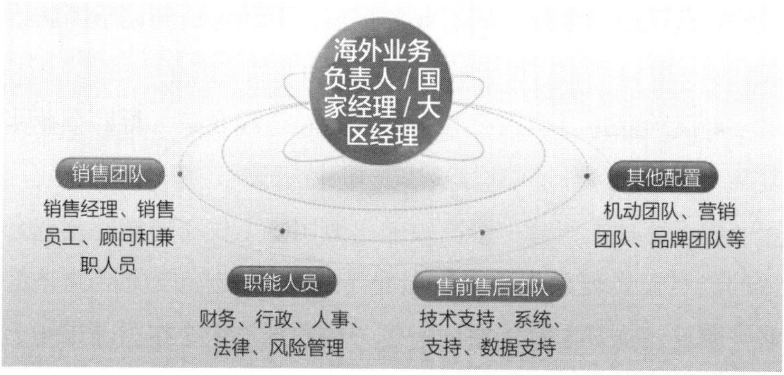

图 1-4 出海企业海外员工架构图

业务需求

当着手搭建出海团队时，企业应该围绕以下 6 个方面进行思考。

• **市场评估。**分析目标市场的特点，确定是 B2B 还是 B2C 业务，以此指导团队配置。

• **发展阶段匹配。**依据企业在海外的发展进程调整团队结构。例如，在初步探索阶段，重点可能是调研客户需求；而在快速增长期，则需强化销售力量和服务支撑。

• **中外人员比例。**结合实际情况权衡中外员工的比例，既要保证对本地市场的深刻理解，又能维持与总部的有效沟通。但这个问题还需要考虑当地劳工政策，特别是某些国家对外国及本国员工比例有严格要求。

• **人才质量优先。**无论哪个岗位，都应力求招揽最优秀的人才，特别是在销售和技术支持等领域，高质量的人才可以显著提升竞争力。

• **灵活应对变化。**随着业务扩展，不断评估和调整团队组成，确保其始终符合最新的市场需求和发展方向。

• **风险管理。**引入公共关系管理和合规专家，帮助企业在复杂多变的国际环境中规避风险，保持稳健运营。

综上所述，组建一个高效的出海团队不仅需要精心挑选合适的成员，还要根据企业的具体状况和发展阶段灵活调整策略，确保每个环节都能协同运作，共同推动企业在国际市场上的成功。

那么，不同岗位是招当地人还是中国人？我列了一个表格供大家参考（表 1–5）。

表 1–5　出海企业人员配比

岗位	当地人	中国人
销售	基础层次的销售最好是当地人；当一号位是外派时，销售主管最好是当地人	销售策略更侧重于利用中国资源或者需要与中国市场保持紧密联系时
职能	大型企业的财务、行政、人事岗位；有较多外派员工的企业中，负责本地招聘及劳务签证管理的人事岗位	小型企业财务（强化与管理层互信）；负责外派员工薪酬及与总部沟通的人事岗位
售前售后	售后服务岗位	产品技术复杂的售前技术支持岗位
其他	如市场调研、客户服务等	技术及产品开发团队且技术产品来自中国的团队

人才发展

值得一提的是，现在有相当一部分员工想要出海工作。根据猎聘大数据统计显示根据猎聘大数据统计显示，2024 年 1—10 月，海外职位同比增长 43%，猎头发布的海外职位同比增长

37%~51%，投递海外职位的求职者同比增长 92.87%（数据来源：出海网《2024 年度人才迁徙报告》、猎聘网《2024 年就业趋势报告》)。前程无忧发布的《2023 职场人出海趋势洞察》显示，职场人对海外工作表现出较大的兴趣，从事采购、产品、销售的受访者出海意向高于平均值，考虑出海的人数比例分别为 87.5%、58.8%、44.4%。

图 1–5、图 1–6 展示了出海人才缺口较大的几个行业。

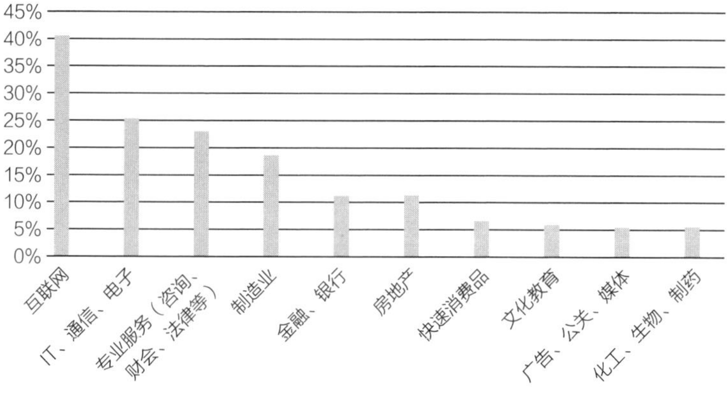

图 1–5　海外人才和雇主之间的触达渠道

数据来源：鲸纬咨询整理，2024 年年底。

这一数据趋势清晰地揭示了一个重要转变：中国职场人正从“被动外派”转向“主动出海”，标志着中国人才全球化进入新阶段。究其原因，一方面是国内市场竞争加剧促使人才寻求新蓝海，另一方面也反映出中国企业对海外市场的深耕已开始形成良性的人才生态环境。这种供需的高度匹配，预示着未来将形成更专业化的人才流动格局。

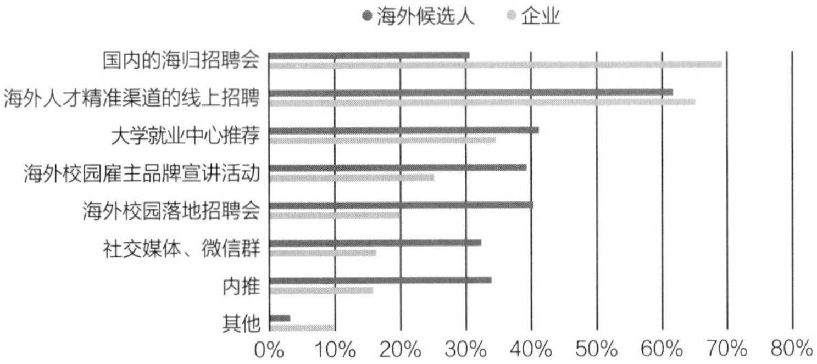

图 1-6　企业主要招聘渠道和求职者求职渠道

数据来源：鲸纬咨询整理，2024 年年底。

第二章
法律与合规：安全赚钱的核心法则

全球化竞争已进入“合规制胜”时代，法律风险防控能力直接决定出海企业的生存空间与发展上限。国际市场的游戏规则正在重构，将合规内化为组织基因的企业，往往能在贸易摩擦中赢得更多谈判筹码和商业信任。当企业将合规意识渗透到每个业务环节时，海外拓展的步伐才能迈得更稳、更远。

第一节
法务支持：如何避开出海法律雷区

中国企业出海已进入深水区，合规经营成为决定成败的关键分水岭。在全球化布局过程中，企业往往面临错综复杂的法律环境和迥然不同的商业规则。根据德勤《2023 全球合规科技创新洞察报告》显示，近 65% 的出海企业曾因合规问题遭遇经营受阻，平均损失达项目投资的 17%。这提醒我们，在充满机遇的海外市场，法律风险防控能力正在成为企业核心竞争力的重要组成部分。通过对上千家出海企业的跟踪研究，我发现成熟的国际化企业通常会重点把控以下六大法律合规维度——这些环节既是监管红线，又是企业行稳致远的保障基石。

- **公司设立与合规。**了解目标市场的法律法规，确保公司的注册和运营符合当地法律规定。
- **知识产权保护。**保障企业的商标、专利、著作权等不受侵犯，并能有效应对侵权行为。

- **合同管理。**起草、审查及谈判各类商业合同，如供应商协议、分销协议、服务合同等。
- **劳动法规。**遵守当地的劳动法，处理员工雇用问题，避免潜在的法律纠纷。
- **税务规划。**合理规划税收结构，确保企业享受应有的优惠政策，同时避免税务风险。
- **争议解决机制。**建立有效的争议预防和解决机制，包括仲裁或诉讼策略的选择。

当然，一些国家的法律体系是混合而成的。在这些国家的司法系统中，可以同时运用两个或多个司法体系，形成独特的“法律混合体”。这种混合法系往往源于殖民历史、文化融合或法律改革，给出海企业带来了特殊的挑战和机遇。理解这种法律的混合性，是企业成功应对复杂国际法律环境的重要一步。

在明确了法系之后，初步筛选出几家潜在的合作对象时，我们可以从行业经验、语言技能、文化敏感性、过往业绩、客户反馈等方面考察对方的专业能力和适配度。

这里列出了不同出海企业一定要跟律师和律师事务所确认清楚的内容，见表 2–1。

表 2–1　不同行业的不同法律要求

行业	注意事项	选择律师 / 律所的具体要求
制造业	知识产权保护 供应链管理 劳动法合规	擅长处理知识产权事务的专业团队 经验丰富的跨国采购合同和技术转让协议处理能力 熟悉当地劳动法规的顾问

续表

行业	注意事项	选择律师 / 律所的具体要求
互联网与信息技术（IT）	数据隐私与安全 软件许可与版权问题 网络安全事件响应	熟悉《通用数据保护条例》及其他数据保护法规的法律顾问 具备深厚软件法知识的律师 拥有应急处理能力和快速反应机制的律所
金融服务业	监管遵从 跨境资金流动 消费者权益保护	精通本地金融市场监管框架且具有良好声誉的律所 理解外汇管制措施并能优化税务结构的顾问 重视消费者利益保护的法律服务提供者
医疗健康	产品注册与认证 临床试验与研究合作 患者隐私与信息管理	熟悉医药卫生领域审批流程的专业律师 精通生物医学研究伦理审查及合作协议起草的法律顾问 确保符合患者记录保存和传输规定的律师
零售业	房地产租赁与店铺开设 品牌推广与广告法 消费者保护法	擅长不动产买卖租赁的律师队伍 懂得广告宣传法规的法律顾问 遵守销售地退换货政策、产品质量保证等法律规定的律师
新能源与环保产业	环境影响评估（EIA） 政府补贴与激励政策 技术创新与专利布局	专门从事环境保护法领域的律师 能解读并利用绿色能源发展财政支持措施的顾问 协助及时申请新技术专利的律所

通过上述策略，企业家们可以更加自信地应对出海过程中的各种挑战，确保企业在新的市场环境中顺利落地并稳健发展。从确定目标市场到选择合适的法律支持，每一步都至关重要，本章内容旨在为企业家提供一套系统的指南，帮助他们在这个复杂多变的全球化进程中找到正确的方向。

第二节
合规红线：数据隐私、环保标准、劳工权益，哪些错误绝对不能犯

在全球化日益加深的今天，中国企业出海已经成为一种趋

势。从制造业到服务业，从互联网科技到传统零售，越来越多的企业选择走向世界舞台，寻找更广阔的发展空间。然而，随着业务版图的扩展，企业面临的合规性问题也变得愈加复杂和多样化。

当地标准和中国本土监管要求的平衡

国际化运营意味着不仅要面对来自目标市场的法律法规限制，还要考虑到中国本土的监管要求。不同国家和地区之间的法律框架、行业规范、文化习俗乃至税务政策都存在显著差异，这使得企业在海外扩张时必须小心翼翼地处理这些复杂的合规事务。任何疏忽或误解都有可能导致严重的法律后果，甚至影响企业的声誉和发展潜力。

下面列举了一些出海企业在海外可能会面临的标准问题，见表 2–2。

表 2–2　出海企业在海外可能会面临的标准问题

标准类别	具体要求	说明
法律框架	公司法、劳动法、税法、知识产权法等	规范企业的设立、运营、员工管理及税务处理，保护无形资产
数据隐私与网络安全	数据保护法规（如 GDPR）、网络安全	保障个人信息安全，防止网络攻击和数据泄露，确保信息系统安全
环境与社会责任	环保法规、企业社会责任（CSR）	控制污染排放，促进可持续发展；参与公益活动，支持社区建设
反腐败与合规管理	反贿赂法、内部合规制度	防止商业贿赂，维护公平竞争；建立内部控制体系，防范违规风险
消费者保护	产品质量标准、广告宣传规范	确保产品和服务的安全性和质量；避免虚假或误导性的营销内容

那么，不同行业的标准会有哪些区别呢？可以参见表 2–3。

表 2–3 不同行业的合规标准

行业	特定标准	说明
制造业	生产标准（ISO9001）、供应链管理、环保标准	确保生产过程的一致性和可靠性；优化物流配送，保证原材料供应；遵守废物处理和能源消耗法规
金融服务	金融监管、客户身份验证（KYC）、交易透明度	满足资本充足率等指标；实施严格的 KYC 程序；保持交易记录完整可追溯
信息技术与软件开发	软件开发流程、用户数据保护、数字内容审核	采用现代化开发方法论，加强数据加密措施；严格审查发布内容
医疗健康	临床试验规范（GCP）、药品注册审批、医疗服务标准	按照指南开展测试，确保新产品获得批准后上市；提供高质量诊疗服务
零售业	商品标签要求、售后服务承诺、促销活动规则	正确标注信息；提供退换货服务；遵守当地关于折扣的规定
农业食品	食品安全标准（HACCP）、有机认证、进口检疫	确保食品安全性；取得有机农产品认证；配合海关检验检疫
教育科技	课程内容合规、教师资质认证、学生数据保护	确保课程不违法；聘请拥有合法执教资格的教师，注意未成年人的数据安全
娱乐传媒	内容分级制度、版权许可协议、文化适应性调整	设定合适的内容等级；获取作品使用权；根据目标市场调整节目形式

接下来，我们以医药行业为例，具体说明出海到不同国家，都有哪些合规上的挑战和标准，参见表 2–4。

表 2–4 医药行业合规标准

国家 / 地区	主要监管机构	审批流程与要求	生产规范（GMP）	标签与说明书要求	其他重要法规或指南
美国	食品和药物管理局（FDA）	新药需进行广泛临床试验，必须获得 FDA 批准才能销售	遵循 FDA 设定的 GMP 标准	包装信息清晰准确，包含使用方法、副作用警告等	GDPR（涉及个人健康信息的数据处理）
欧盟	欧洲药品管理局（EMA）	统一的药品注册程序，通过 EMA 协调成员国之间的评估	欧盟 GMP 标准	标签需符合当地语言要求，清晰标注成分、用法用量	GDPR（数据保护），儿科用药指南

续表

国家/地区	主要监管机构	审批流程与要求	生产规范（GMP）	标签与说明书要求	其他重要法规或指南
中国	国家药品监督管理局（NMPA）	加快创新药审评审批，推行MAH制度，简化市场准入	符合NMPA GMP标准	中文标签，明确说明用途、剂量、禁忌等	中药标准，MAH制度
日本	医药品医疗机器综合机构（PMDA）	药品和医疗器械的安全性及有效性审查	日本GMP标准	日语标签，详细说明产品信息	JIS（日本工业标准），JPMA伦理准则和技术指导

对于出海企业来说，理解并遵守目标市场的特定标准是成功的关键。例如，在美国和欧盟，数据隐私保护是一个非常重要的考虑因素；在中国，中药的标准和MAH（药品上市许可持有人制度）为研发机构提供了新的机遇；而在日本，日本工业标准（JIS）和日本制药工业协会（JPMA）则强调了产品质量和伦理的重要性。

我们以一个中药出海的例子给大家进行详细说明。随着全球化进程的加速以及人们对自然疗法和传统医学的关注，中药在全球范围内展现了巨大的市场潜力。根据中国医药保健品进出口商会和海关统计，2024年我国中药类商品出口额为52.8亿美元，中成药出口额则达到4亿美元，同比增长10.6%，部分产品（如片仔癀、清凉油等）在印度尼西亚等国的出口增长超过30%。值得注意的是，虽然中成药的出口量相对较小，但其增长势头良好，特别是在疫情期间，一些抗疫相关的中药在多个国家进行了注册并获得了认可。

中国北京同仁堂（集团）有限责任公司（以下简称同仁堂）作为中国最著名的中药品牌之一，自19世纪末就开始尝试走向世界。如今，它已经在超过 40 个国家和地区设立了分支机构或销售网络，包括澳大利亚、加拿大、新加坡、马来西亚等国家，以及欧洲和北美的部分市场。同仁堂的成功并非一蹴而就，而是经历了长时间的努力和不断调整以适应不同国家的标准。

国内企业最初面临的挑战

在最初的国际化进程中，同仁堂遇到了诸多标准上的难题。例如，在西方国家，中药被视为草药补充剂而非传统意义上的药物，这意味着它们必须遵循更为严格的食品安全和保健品法规。此外，各国对于药品成分的安全性、有效性和质量控制有着不同的要求，尤其是对重金属残留、农药使用等方面的规定极为严格。同时，中医药理论与现代西医体系存在差异，导致许多海外消费者难以理解和接受其治疗理念。

为了解决这些问题，同仁堂采取了一系列措施来确保产品符合国际市场的高标准。

- **本地化生产和质量管理**。为了保证产品质量并降低成本，同仁堂在某些地区建立了生产基地或合作工厂。这些设施严格按照当地的良好生产规范（GMP）标准运作，从原材料采购到成品出厂都进行了全面的质量管理。例如，在澳大利亚，同仁堂的产品获得了澳大利亚治疗用品管理局（TGA）的注册，证明了其安全性和有效性；在加拿大，同仁堂则遵循天然健康产品（NHP）法规的要求进行推广。
- **科学研究支持**。同仁堂加大了对中药现代化研究的投资力度，通过临床试验和其他科学方法验证产品的疗效。这不仅有助于提高产品的可信度，还为应对国外监管机构的审查提供了有力的支持。例如，针对某些特定病症的中成药，同仁堂提供了详细的药理学研究报告，展示了其作用机制和潜在价值。

- **教育推广与文化融合**。同仁堂积极开展中医药知识普及活动，举办讲座、研讨会等形式多样的交流活动，帮助当地医生和消费者更好地理解中医药的独特之处。同时，同仁堂还努力将中医药的理念与西方医学相结合，用循证医学的方式解释中药的作用原理，使更多人能够接受和认可这种古老的治疗方法。

- **市场营销与品牌建设**。同仁堂注重品牌形象塑造，通过广告宣传、参加国际展会等方式提升品牌知名度。根据不同市场的特点，它们推出了多样化的产品线，如适合家庭日常保健的小包装产品，或是针对特定人群设计的功能性食品。这些举措不仅增加了产品的吸引力，还促进了品牌的全球化发展。

- **合规性建设**。同仁堂始终密切关注各国法律法规的变化，及时调整自身的经营策略和服务流程，确保每一环节都合法合规。例如，在欧盟市场，同仁堂积极申请《传统草药产品指令》（THMPD）的注册，确保其产品能够在该区域内顺利流通。

综上所述，同仁堂通过灵活应对不同国家的标准，成功地将中药推向了国际市场。这一过程不仅体现了企业强大的适应能力和创新能力，还为其他希望走出国门的中国企业树立了一个良好的榜样。随着全球化进程的加速和技术的发展，相信未来会有更多的中国品牌能够在国际舞台上崭露头角，在国际市场赢得广泛认可。

随着近几年出海形势的新变化，越来越多中医药企业瞄准了新兴市场的出海机会，特别是像印度、印尼、墨西哥这样的国家，它们有着悠久的草药治疗传统，这为中药的推广提供了肥沃的土壤。

以印尼为例，传统医药被称为“Jamu”，它是一种基于草药和其他天然成分的治疗方式，在当地民众中非常受欢迎。然而，随着现代化进程的推进，这种古老的知识逐渐被边缘化。近年来，印尼政府和社会各界都在努力复兴本土草药文化，这为中药进入印尼市场创造了条件。中药可以通过与当地草药疗法相结合的方式，提供更丰富的产品和服务选择。比如，通过设立中医诊所或培训中心，传授中医药知识和技术，促进两国之间的文化交流。

在这一进程中，这些走向世界的中国品牌也将成为中外文化交流的桥梁，让全球消费者更全面地了解中国文化，促进不同文化之间的对话，这也是中国企业国际化发展的必然趋势。

第三章
跨境方程式：海外市场的产品与资金策略

在全球市场的激烈竞争中，产品与资金策略构成了企业出海的“黄金双轨”。选品不仅是一次市场决策，更是企业全球化基因的投射——它决定了品牌能否在异域土壤扎根生长。成功的出海企业深谙一个真理：没有放之四海皆准的产品，只有因地制宜的策略。从市场调研到本地化改造，从资金调配到风险对冲，每个环节都需要精准把握“全球化思维”与“本土化执行”的辩证关系。真正的国际化选手，永远在用产品讲述本土故事，用资金书写全球篇章。

第一节
出海选品：如何做当地市场调研

在全球化竞争日益激烈的今天，出海选品已成为决定企业国际化成败的首要战略决策。当深入分析成功出海企业的案例时，我们会发现它们都遵循着一个共同法则：用对的商品，在对的市场，以对的方式打开局面。那么，为什么选品对出海企业如此关键？因为它将从以下五个维度直接决定企业在海外市场的生死存亡。

- **市场适应性。**不同国家和地区的消费者有不同的需求、偏好、文化和消费习惯。正确选择符合目标市场需求的产品品类可以大大提高产品的接受度和销售量。

- **竞争差异化**。在海外市场中找到一个具有竞争优势的品类可以帮助企业建立独特的品牌定位，避免陷入价格战，并且能够通过提供独特价值来吸引客户。

- **法规遵从性**。各国对于进口商品有着不同的法律法规要求，包括安全标准、标签规定等。选择适合的品类可以减少因不合规而带来的风险。

- **物流与成本控制**。某些品类可能更适合特定市场的物流渠道或更易于控制运输成本。例如，重型或易碎物品可能会增加物流复杂性和费用。

- **利润潜力**。不同品类的利润率和市场规模差异巨大。选择高增长、高回报的品类有助于提高企业的盈利能力。

vivo 印尼市场的选品制胜策略

vivo（维沃移动通信有限公司旗下的手机品牌）自 2014 年进入印尼市场以来，表现非常优秀，根据 Counterpoint 数据，2024 年第一季度 vivo 在印尼市场的出货份额达 19.2%，同比增长 16%，跃居市场第一（品牌时隔三年再次夺冠）。StatCounter 的平台数据显示，截至 2025 年 6 月，vivo 在印尼市场份额为 13.4%，处于前五品牌之列。这一成绩不仅标志着 vivo 超越了三星等国际品牌，还反映了其在国内外市场的强劲竞争力，这其中选品就发挥了非常重要的作用。

vivo 在印尼市场的选品方面，展现了教科书级的本土化策略，其成功可归结为 vivo 在 2024 年印尼市场出货量和市占率上升，主要归因于以下几点：

1. 本地化产品策略：推出 Y100、Y03 等性价比机型，精准满足中低端市场需求；

2. 节庆促销拉动：印尼开斋节期间开展大规模电商与线下联合促销，显著带动销量；

3. 金融合作助力消费：与 Kredivo、Spectra 等本地金融平台合作推出分期付款，降低购机门槛；

4. 渠道覆盖广泛：加强 Tokopedia、Shopee 等电商平台投放，同时深耕线下门店网络。

其一是定制化设计与功能

- **针对宗教习俗的设计。**考虑到印尼是世界上穆斯林人口最多的国家之一，vivo 对某些产品进行了特别设计以适应当地的文化习惯。例如，在斋月期间推出特定版本的手机或相关促销活动，如 2020 年推出的 vivo V5 斋月定制版手机，旨在将销售额的一部分注入 vivo 的社会公益资金，扶助有需要的社会群体。
- **本地化软件和服务。**为了更好地服务印尼用户，vivo 预装了更多符合当地需求的应用程序和服务，比如支持印尼语的界面、本地支付系统集成以及流行的社交平台应用等。

其二是硬件规格调整

- **网络支持优化。**根据印尼市场的网络环境，vivo 调整了其设备的支持频段，确保更好的信号覆盖。例如，vivo 推出了 V40 Lite 系列的两个新版本——V40 Lite 5G 与 V40 Lite 4G，满足不同用户的网络需求。其中，V40 Lite 5G 搭载了高性能的高通骁龙 S4 Gen 2 芯片组，并辅以最高 12GB 的随时存取存储器（RAM）；而 V40 Lite 4G 则配备了高通骁龙 S685 处理器及 8GB RAM。

- **电池容量与充电技术。**考虑到印尼部分地区可能存在电力供应不稳定的情况，vivo 推出 Y100、Y03 等性价比高的机型，精准满足中低端市场需求；在印尼开斋节期间开展大规模线上电商与线下门店联合促销，显著带动销量；加强 Tokopedia、Shopee 等电商平台投放，同时深耕线下门店网络。

其三是外观设计

- **颜色选择。**由于绿色在伊斯兰教中象征着生命与自然，因此 vivo 为印尼市场提供了更多的绿色配色选项。此外，白色和蓝色也是受欢迎的颜色，这可以从印尼本土应用如 Gojek 的设计中看出端倪。
- **避免文化禁忌元素。**vivo 避免使用任何可能会引起争议的文化符号或图案，比如在设计中不采用猪的形象或其他不适合穆斯林使用的元素。

其四是营销策略

- **价格定位。**根据印尼消费者的购买力水平，vivo 调整了产品的定价策略，推出更具性价比的产品线来吸引广泛的消费群体。
- **促销活动。**结合印尼的传统节日和重要日期，如独立日、开斋节等，vivo 开展了针对性的促销活动，增加品牌的曝光度和市场份额。

参考 vivo 印尼市场的成功经验，企业在海外选品时应采取以下策略框架，见图 3–1。

在此基础上，我有一个出海选品调研的模型，可以分享给大家，见图 3–2。

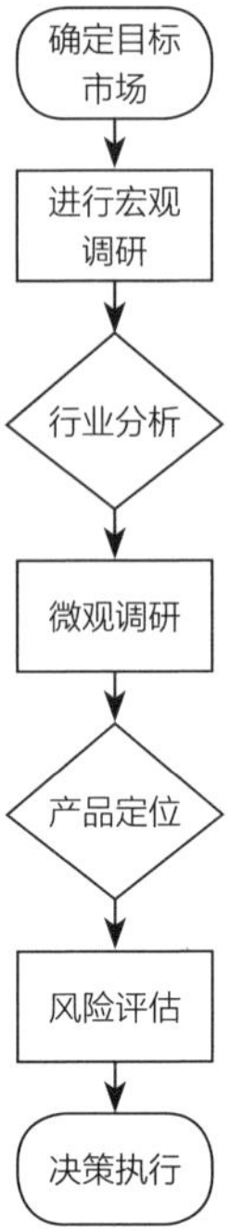

图 3-1　选品策略

图 3-2　出海选品调研模型

① SWOT 是一种常用的战略分析工具，其名称来源于四个英文单词的首字母：S（Strengths，优势）；W（Weaknesses，劣势）；O（Opportunities，机会）；T（Threats，威胁）。

科技及 AI 重塑出海选品市场

随着人工智能（AI）和机器学习技术的迅猛发展，它们正在深刻改变跨境电商的选品流程。这些先进技术不仅提高了企业的运营效率，还极大地优化了消费者的购物体验。在这里，我想以希音（SHEIN）为例，给出海企业一些启示，也展望未来我们如何利用 AI，进行更加科学的选品工作。

策略一：智能推荐系统

希音利用先进的算法模型分析海量的商品图片和销售数据，预测哪些款式将在未来流行。这种基于大数据的智能推荐系统能够帮助采购团队成员提前识别趋势，指导他们及时备货，确保热门商品库存充足，同时保持高库存周转率。这不仅提升了供应链管理的灵活性，还使得希音能够在快速变化的时尚行业中始终保持敏锐度和竞争力。

策略二：个性化用户体验

借助用户行为数据分析的力量，希音实现了高度个性化的用户体验。平台可以根据用户的浏览历史、购物车记录以及其他互动信息，为每一位顾客定制页面展示和促销活动。这样不仅增加了用户的参与感，还显著提高了转化率。个性化推荐不仅仅是产品推荐，还包括针对不同用户的营销内容和沟通方式，使每位消费者都能感受到专属的服务，增强了用户的品牌忠诚度。

策略三：自动化运营平台

从订单处理到客户服务，整个业务链条都可以在希音实现高度自动化。AI 驱动的自动化运营平台减少了人为错误的发生概率，保证了操作的一致性和准确性。无论是自动化的库存管理、物流跟踪还是客户服务响应效率，都得到了显著提升。此外，自动化还可以实时监控和调整业务流程，帮助企业迅速适应市场变化，提供更加稳定可靠的服务。

策略四：虚拟试衣间

为了进一步提升用户体验并解决线上购物常见的尺码不合适的问题，希音引入了增强现实（AR）技术支持的虚拟试衣间功能。这一创新让用户在家就能享受到近乎真实的穿戴效果预览，增加了购物的乐趣和信心。虚拟试衣间不仅能降低因尺寸不合适导致的退货率，还能促进消费，因为消费者可以更直观地感受自己穿着新衣服的样子。

综上所述，科技和 AI 的应用正在重塑跨境电商的选品市场。希音通过智能化的推荐系统、个性化的用户体验、自动化的运营平台以及创新的虚拟试衣间等功能，不仅提高了自身的运营效率，还为全球消费者带来了前所未有的购物便利和乐趣。随着更多新技术的应用和发展，我们有理由相信，未来的跨境电商将更加智能、高效，并且充满无限可能。

第二节
外汇管理：人民币、美元、本地币，如何组合最优

在全球化的商业环境中，货币选择是出海企业不可忽视的战略决策，直接影响资金安全、运营成本和市场竞争力。面对复杂多变的国际金融市场，企业需跳出单一视角，进行综合评估，构建稳健的跨境资金管理体系。以下五大关键考量，将帮助企业在货币迷宫中找到最优路径。

- 汇率波动
- 成本效益
- 政策环境
- 市场接受度
- 风险管理

我在这里整理了几种货币各自的优劣势，见表 3-1。

表 3-1　几种货币的优劣势对比

评估维度	人民币（CNY）	美元（USD）	当地货币
汇率波动	受中国经济及政策影响较大。 升值时出口商品变贵，削弱竞争力；进口成本降低	全球主要储备货币之一，相对稳定。 美元贬值有利于中国出口，升值增加进口成本	波动性通常较大，特别是在新兴市场国家汇兑损失可能显著
成本效益	避免结售汇手续费。 减少因汇率变动带来的财务成本	国际合同常用货币，便于跨国企业贸易。 换汇时需承担手续费	直接在当地银行账户操作，节省跨境转账时间和成本。 不稳定的货币可能带来额外的汇率风险管理成本

续表

评估维度	人民币（CNY）	美元（USD）	当地货币
政策环境	中国政府积极推动国际化，出台支持措施（如CIPS系统）。 提升人民币流通便捷性	强大的金融体系和法律框架提供良好的信誉保障。 美国政府可能通过制裁限制某些国家/地区使用美元支付	各国外汇管制政策差异大。 一些国家对外汇流出实施严格限制，影响资金调配灵活性
市场接受度	日益增长的国际接受度，尤其是在亚洲区域内，支持人民币结算的企业增多	几乎被所有国家认可，在大宗商品交易等领域占据主导地位	小型企业可能更倾向于使用，但大多数跨国公司偏好国际通用货币进行大额交易
风险管理	可通过国内金融市场活动对冲汇率风险（远期合约、期权等衍生品）	丰富的金融工具可用于管理汇率风险，国际市场流动性好	发达程度不足的金融市场难以找到合适避险工具。 政治不稳定加剧货币贬值风险

不同行业对货币的不同选择

在全球化经营中，货币选择策略必须与行业特性深度耦合，这本质上是由各行业的资金流动特征、成本结构和风险敞口差异决定的。所以货币选择绝非简单的“非此即彼”，而是需要企业根据行业特性制定差异化的策略。这就像在大海中游泳，每个行业都在用自己的方式，在汇率波动的大海里寻找最合适的救生圈。说到底，好的货币策略不是选最强势的货币，而是选最适合自己的货币，就像好的鞋子不在于贵，而在于合脚。

不同行业在出海过程中面临差异化的货币选择挑战，需要根据行业特性制定针对性的解决方案。以下是我对各行业货币策略的一些分析。

跨境电商

- **当地货币。**为了提高消费者购买意愿和支付便利性，跨境电商企业倾向于接受目标市场的本地货币支付。例如，在东南亚地区，数字钱包非常流行，这些钱包通常以当地货币计价。
- **美元。**由于国际交易中美元的广泛接受度和稳定性，很多跨境电商平台都支持美元支付，并且对于一些高价值商品或服务来说，美元依然是常用的结算货币。
- **人民币。**随着跨境贸易人民币结算的增长，部分跨境电商也开始尝试使用人民币进行结算，特别是在与中国供应链紧密联系的情况下。

制造业与 B2B 出口

- **美元。**传统上，制造业和 B2B 业务更偏向于使用美元作为结算货币，因为美元在全球金融市场中的地位稳固，流动性强，便于跨国公司之间的资金流动。
- **人民币。**随着“一带一路”倡议推进，人民币国际化进程加快，越来越多的外国企业开始考虑用人民币直接结算，减少汇兑成本并规避汇率波动风险。
- **当地货币。**当企业进入特定区域市场（如拉美、非洲等），如果当地货币相对稳定且有良好的兑换渠道，也适合采用当地货币结算。

金融服务和技术公司

- **美元。**金融和技术领域的企业往往涉及大量的资本运作和技术授权费用，因此更多依赖美元这样的“硬通货”来进行跨境转账。美元稳定币的出现和发展也使得行业格局有了新的变化。

- **人民币。**随着中国金融科技企业的崛起，人民币也在逐步扩大优势，更多被用于跨境支付解决方案和服务费收取等方面。
- **加密货币 / 数字货币。**某些创新型企业可能会探索使用稳定币或其他形式的数字货币来进行跨境结算，不过仍处于试验阶段。

消费品零售及快时尚品牌

- **当地货币。**为了更好地迎合当地市场需求并降低消费者的换算障碍，这类企业通常会选择接受当地的主流货币。
- **美元。**在一些发展中国家，美元仍然是较为常见的储备货币之一，所以即便是在非美元区，也可能存在对美元的需求。
- **人民币。**随着中国品牌影响力的扩大，人民币在某些特定市场也逐渐获得认可，但总体而言尚不如美元普遍。

矿产资源类企业

- **美元。**大宗商品交易几乎都是以美元计价，因此矿企在国际市场上几乎无一例外地使用美元进行结算。
- **人民币。**在与中国密切合作或者由中国投资主导的项目中，人民币也可以作为一种备选方案。

出海货币选择有哪些新趋势

人民币国际化加速

- **人民币跨境使用增加。**随着中国政府推动人民币国际化以及“一带一路”倡议的实施，越来越多的中国企业开始在跨境贸易中使用人民币结算。这不仅减少了汇兑成本，还帮助企业规避了汇率波动的风险。
- **人民币作为融资货币。**人民币在全球范围内的接受度逐渐提高，尤其是在亚洲和其他新兴市场国家。海外企业对于人民币债券等融资工具的兴趣也在增长，使得人民币成为一种更具吸引力的融资货币。各类“熊猫债”（Panda Bond，境外机构在中国境内发行的人民币债券，受中国监管）发行数量创历史新高。2024 年，巴西、沙特等国政府和企业在中国发行人民币计价债券，表明人民币融资工具正在被越来越多的国家接受。
- **人民币金融产品丰富。**离岸人民币中心的发展，如中国香港、伦敦等地提供的多样化人民币投资产品和服务，强化了人民币作为投资货币的角色。

美元依然占据主导地位

- **国际贸易惯例。**尽管人民币国际化取得了进展，但美元仍然是全球最广泛使用的结算货币之一，尤其是在大宗商品交易、大型基础设施项目等领域，美元因其稳定性和流动性而继续受到青睐。
- **跨国公司偏好。**多数跨国企业为了简化全球会计处理与财务整合，依旧采用美元作为集团统一计价货币，尤其在美元资产负债匹配方面具有结构性优势。

- **美元稳定币的兴起。**随着数字货币和区块链技术的发展，美元稳定币（如 USDT、USDC 等）逐渐成为跨境支付和贸易结算的新工具。这类稳定币以美元为锚定资产，结合了数字货币的便捷性与美元的稳定性，提升了跨境交易的效率，降低了传统银行转账的时间和成本，为国际贸易和跨境金融提供了新的可能性。

当地货币的应用场景扩大

- **适应本地市场需求。**为了更好地融入目标市场，部分中国企业特别是零售业和服务型企业更愿意接受当地的主流货币，以促进销售并提升客户体验。一些国家出台政策鼓励使用本国货币进行双边或多边贸易结算，旨在减少对外部货币的依赖并增强经济自主权。
- **新兴支付方式的影响。**数字人民币（e-CNY）及其他形式的加密货币或稳定币正在改变跨境支付格局，此方式旨在提供更快捷、透明且低成本的转账解决方案，中国与泰国、阿联酋、新加坡等国共同参与的 BIS mBridge 多边数字货币桥项目，已实现多轮模拟交易，探索出央行数字货币（CBDC）在贸易、清算中的新路径。数字人民币在跨境电商、供应链金融等场景中具备试点应用基础。
- **在线支付平台兴起。**第三方支付平台（如支付宝、微信支付）在国外市场的扩展也为人民币跨境流通提供了新的渠道，微信支付、支付宝在东南亚、欧洲、阿联酋等地已开通本地服务，与维萨卡、万事达卡体系对接，并通过本地清算公司实现与入驻商户的人民币对接，形成面向消费者的“轻型货币出海”机制。

出海企业常用的跨境支付系统有哪些？趋势如何

出海企业在进行国际业务时，通常会依赖多种跨境支付系统来确保资金的顺利转移。以下是一些常用的跨境支付系统。

SWIFT（环球同业银行金融电讯协会）

SWIFT是全球最广泛使用的金融机构间的通信网络，主要用于发送和接收安全的金融交易信息，如支付指令。尽管不直接处理资金转移，但它是国际银行间清算的重要基础平台。

CIPS（人民币跨境支付系统）

截至2025年6月，已有约1500家金融机构通过直接或间接方式参与CIPS，业务覆盖114个国家和地区。其二期系统引入定时净额结算机制，提升了跨境结算效率、降低了流动性成本，是人民币国际化的重要支撑工具。它支持多种类型的跨境交易，并且通过优化结算机制提高了效率和服务范围。

ACH（自动清算中心）

ACH是在美国广泛应用的电子资金转账系统，适用于国内和某些国际间的定期付款，如工资发放或账单支付。

FedWire（联邦储备通信系统）

FedWire是由美国联邦储备银行运营的大额实时全额结算

系统，主要用于处理较大金额的资金转移。

TARGET2（泛欧自动实时全额快速转账系统）

TARGET2 是欧洲央行体系下的实时全额结算系统，用于欧元区内的即时大额转账。

第三方支付平台

包括 PayPal、Stripe 等在内的第三方支付服务提供商，为电商和其他在线企业提供便捷的跨境支付解决方案。

本地支付网关

在进入特定市场时，企业可能还会选择使用当地的支付网关，比如巴西的 Boleto Bancario、印度的 UPI（Unified Payments Interface），以适应当地消费者的支付习惯。

目前使用场景最多的是 SWIFT 和 CIPS。CIPS 的主要功能是跨境人民币业务处理，支持跨境货物贸易和服务贸易结算，以及跨境直接投资、跨境融资和跨境个人汇款等业务。

CIPS 与当地支付系统的差异

截至目前，CIPS 不仅在功能上进行了升级，例如引入了定时净额结算机制，而且其覆盖范围也在不断扩大，这有助于进一步推动人民币国际化的进程。在全球监管加强的背景下，跨境支付系统必须遵守更严格的安全标准和反洗钱法规，因此技术创新也集中在提高系统的安全性方面。那么，CIPS 与当地支付系统到底有什么不同呢？请参见表 3-2。

表 3-2　CIPS 与当地支付系统的比较

比较维度	CIPS（人民币跨境支付系统）	当地支付系统
主要功能	专注于跨境人民币业务处理支持货物贸易和服务贸易结算、直接投资、融资和个人汇款 提供高效的清算路径，缩短清算时间一使用国际通用的 ISO20022 报文标准，便于直通处理 引入定时净额结算机制（二期），优化流动性管理支持金融市场双向开放	主要服务于本地市场，满足区域内用户的特殊需求 高度定制化，适应当地政策法规可能包括独特的支付方式，如移动支付、纸基票据等 通常更贴近地方监管要求和消费者习惯
覆盖范围	已建立广泛的全球网络 参与者遍布 114 个国家和地区 实际业务覆盖全球 180 多个国家和地区的 3800 多家法人银行机构，对与中国有密切贸易往来的地区尤为重要	覆盖范围通常是区域性的，侧重于所在国或地区的内部交易需求部分发达经济体的支付系统开始寻求国际合作，扩大影响力 更加集中在特定国家或地区的经济活动
适用场景	国际贸易结算 跨境投融资 中国与他国之间的双边或多边贸易 涉及人民币的资金流动	国内零售支付 地区性金融交易 特定市场的电子商务支付 本地化的金融服务

什么是各国央行数字货币（CBDC）？未来能否重塑出海格局

央行数字货币（Central Bank Digital Currency, CBDC）是由一个国家的中央银行发行并由其背书的数字形式的法定货币。它本质上是现金的一种电子版本，旨在为公众提供一种安全、便捷且高效的支付手段。央行数字货币与现有的数字货币如比特币等加密资产不同，后者通常是去中心化的，而央行数字货币则由中央银行完全监管和控制。

央行数字货币的主要特点

- **直接负债。**央行数字货币是中央银行的直接负债，因此具有最高的信用等级。

- **无限法偿性。**作为法定货币，央行数字货币在任何情况下都必须被接受为付款方式。
- **实时结算。**支持即时的资金转移，减少了传统银行系统的延迟。
- **可追溯性和隐私保护。**虽然交易记录可以追踪以防止非法活动，但用户的身份信息可以根据设计选择是否匿名。
- **减少现金使用。**鼓励无现金社会的发展，降低现金管理成本。

未来对出海企业的影响

- **改变跨境支付格局。**央行数字货币能够简化跨境转账流程，降低成本，并提高透明度。对于出海企业来说，这意味着更快捷、更安全的国际资金流转，尤其是在那些已经或即将推出央行数字货币的市场中。例如，中国的数字人民币（e-CNY）已经在试点阶段展示了其在促进国际贸易结算方面的潜力。
- **推动人民币国际化。**随着更多国家探索和发展自己的央行数字货币，人民币通过数字形式进一步融入全球金融体系的机会增多。这将有助于中国企业在海外市场上更容易地使用人民币进行交易，从而减少汇兑风险并增强竞争力。
- **加强合规性和风险管理。**各国政府可以通过央行数字货币更好地监控资本流动，确保遵守反洗钱（AML）、了解你的客户（KYC）等相关法规。这对出海企业而言，意味着更加严格的尽职调查要求，但也提供了更清晰的法律框架。
- **创新金融服务。**央行数字货币可能会催生一系列新的金融科技产品和服务，比如智能合约驱动的自动执行合同、基于区块链的供应链融资等。这些创新可以帮助出海企业优化运营效率，开拓新的商业模式。

- **应对非传统竞争对手。**随着私人部门发行的稳定币和其他形式的数字货币逐渐普及，各国央行也在加速推进央行数字货币项目以维护货币政策主权。对于出海企业而言，这意味着需要密切关注政策变化和技术进步，以便及时调整策略以应对潜在的竞争挑战。

总之，央行数字货币有望重塑我们对国际商务的理解，特别是在支付清算领域。它不仅改变了传统的金融基础设施，还为全球化业务带来了前所未有的机遇和挑战。出海企业应积极准备迎接这一变革，充分利用央行数字货币带来的便利条件，同时注意适应不断演变的监管环境。

数字人民币在跨境支付中有哪些优势与挑战

优势

数字人民币在跨境支付中的最大优势是其高效性和便捷性。传统跨境支付通常需要经过多个中间环节，耗时较长，而数字人民币可以实现实时交易，大大缩短了交易时间。例如，数字人民币跨境支付可以实现“T+0”到账，显著提高跨境支付的效率。数字人民币在跨境支付中能够显著降低交易成本。传统跨境支付通常需要支付较高的手续费和电讯费，而数字人民币可以省去这些中间环节，降低汇兑成本。例如，在国际清算银行的 mCBDC-Bridge 试点项目中，通过通用原型平台可以在几秒内完成跨境支付和结算操作，同时降低约 50% 的操作成本。数字人民币采用了先进的密码学技术，具有更高的防伪能力。这使得数字人民币在跨境支付中更加安全可靠，能够有效预防欺诈和洗钱等非法行为。数字人民币的跨境支付功能有助于推动人民币国际化进程。通过数字人民币跨境支付，可以减少对美元的依赖，增强人民币在国际贸易中的使用频率和影响力。

挑战

数字人民币在跨境支付中面临政策和法律上的诸多挑战。许多国家对本国资产外币化、美元化持警惕态度，并有反洗钱、反恐要求，这使得数字人民币的跨境支付需要解决复杂的国际法律问题。各国央行数字货币之间存在互操性差异，这使得数字人民币在跨境支付中需要解决不同系统之间的兼容性问题。例如，目前所采用的系统依旧是人民币的跨境交易系统（CIPS），若将数字人民币直接套用在该体系下会造成兼容性障碍。数字人民币在跨境支付中需要解决的技术挑战包括交易设施不完备、技术标准不统一等问题。例如，数字人民币的跨境支付系统需要与现有的国际清算系统如 SWIFT 进行对接，这需要大量的技术投入和协调。数字人民币在跨境支付中的推广还需要解决市场接受度问题。尽管数字人民币具有高效便捷、低成本等优势，但其在国际市场上的知名度和接受度仍需进一步提升。

第二部分

2 行业破浪篇：八大热门赛道实战拆解

在全球化的浪潮中，中国企业正以多元化的姿态扬帆出海。从餐饮、电商到新能源、科技创新，每个行业都面临着独特的机遇与挑战。本篇将聚焦八大热门赛道，通过真实案例、痛点剖析与策略拆解，为企业提供可落地的出海方法论。我们将立足实战，提炼行业专属的破局之道。从战略布局到执行细节，帮助企业在全球市场的惊涛骇浪中找准航向，稳健前行。

第四章
餐饮出海，味道无界

在历史的长河中，中国人“走出去”的脚步从未停歇。从丝绸之路的贸易往来，到郑和下西洋的壮举，再到现代的全球化浪潮，中国与世界的距离被不断拉近。在这一过程中，中餐作为中国文化的重要组成部分，也随着中国人的足迹走向了世界各地。以前有句话：“有太阳的地方就有华人，有华人的地方就有华商，有华商的地方就有中餐馆。”早在 19 世纪，随着第一波华人移民潮的到来，中餐馆就开始在海外扎根。然而，那时的中餐，由于缺乏有效的供应链支持，往往难以复制家乡的味道，只能依靠大厨的个人技艺和对食材的深刻理解。如今，随着供应链管理的革新，餐饮企业迎来了新的发展机遇，使得地道的中国味道逐渐得以在世界各个角落传播（图 4–1）。

当前，中餐出海正迎来前所未有的发展机遇。根据弗若斯特沙利文（企业增长咨询公司）的数据，海外中式餐饮的营收在 2021 年达到 2611 亿美元，预计到 2026 年将增至 4098 亿美元，其在国际市场中的占比亦将从 9.9% 增长至 10.8%。这一增长不仅体现了中餐品牌对当地口味的适应和创新，更彰显了国际市场对中式餐饮日益增长的接受度。

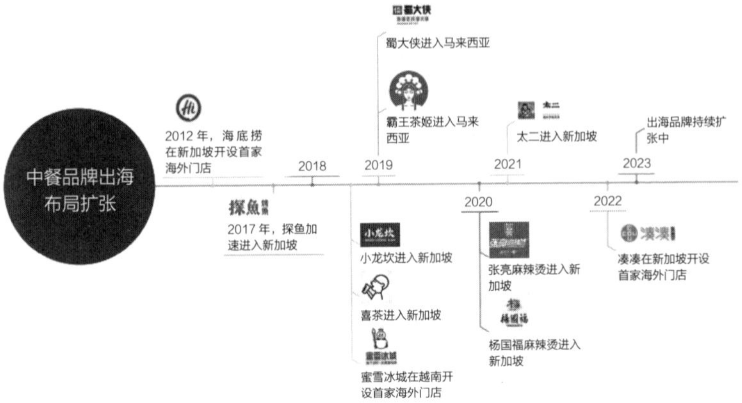

图 4-1　中餐品牌出海布局扩张举例

数据来源：鲸纬咨询根据公司年报及公开资料整理，2024 年年底。

第一节
痛点破解：餐饮企业如何在外国市场做出地道中国味

在中餐出海的旅途中，复制地道中国味的重要性不言而喻。中国味不仅是一种味觉体验，更是一种文化的传承和传播。它深深植根于食材的选择、精湛的烹饪技艺以及对传统与创新的平衡之中。地道中国味能够唤起留学生和华人的乡愁，同时也能够吸引对中餐文化感兴趣的国际消费者，成为连接不同文化的桥梁。

然而，复制这种独特的味道在海外市场并非易事。中国味的难以复制性，正是中餐企业面临的主要挑战。从食材的本土化选择到烹饪技艺的传承与创新，再到供应链的全球化管理，每一个环节都对保持中国味的纯正性至关重要。

七个维度解构中国味道

什么是地道中国味？其实并不抽象，我们可以从以下七个维度解构中国味，见图 4–2。

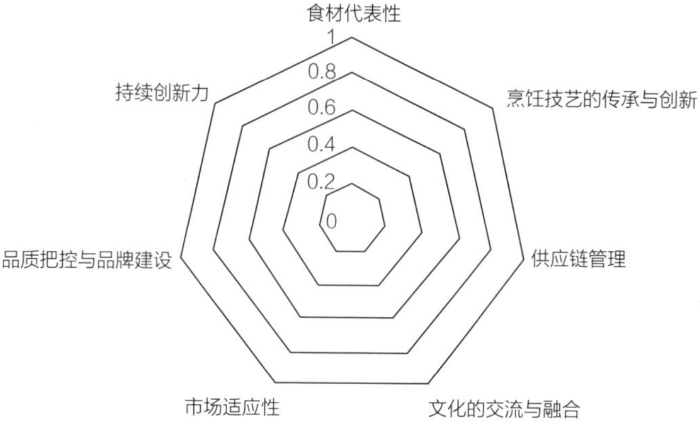

图 4–2　七个维度解构中国味

食材代表性：跨越山海，只为那一口地道的中国味

中餐的独特风味源自特定地域的食材。面对海外市场的原料差异，企业应简化菜品，优先选择易于获取且能保持传统风味的食材。例如，酸菜鱼中的酸菜可从国内购入，而鱼类则可在当地采购。同时，企业要建立严格的筛选和品质控制流程，确保原料的品质和可追溯性。

在海外经营中餐，不仅要保持食物的原汁原味，还要结合当地的用餐场景，融入当地文化，更加符合当地人的用餐习惯。这包括引入预约制度、多道菜式菜单设计、精致的菜品摆盘、专业的酒水搭配，以及提供高端的用餐体验。此外，企业要与当地供应商建立合作关系，确保原料供应的稳定性和品质。

菜单是传递文化和吸引顾客的重要媒介。通过讲述每道菜品的故事、强调特色食材、结合传统与创新菜品、图文并茂的展示、搭配地方特色饮品，以及推出节日特色菜单和套餐，可以丰富顾客的用餐体验，同时传达中国饮食文化的深度和广度。

中餐企业想要实现本地化，也需要与当地厨师合作，共同研发适合当地口味的菜品，并积极邀请消费者参与品鉴，以市场反馈为导向，不断优化菜品；还要与当地农场或供应商建立长期合作关系，确保原料供应的稳定性和品质。

从大的品类来看，茶饮、水饺等带馅面食、麻辣烫、炒饭炒面等主食、甜品、新烘焙、烤肉以及火锅相对更适合出海；而细分项目的八大菜系品类，则需要更长的市场适应时间。

关于中餐的定位分析，我整理成以下表格（表 4–1），以供餐饮企业参考。企业从一开始就需要知道自己的定位在哪里，才能立于不败之地。

表 4–1 中餐定位分析表

口味	华人	当地人
中国口味	当地的留学生、中国旅行团、商务人士	需要体现中餐文化特色
改良当地口味	适合中国人 + 当地人的商务场合	快餐化、供应链化

企业应当寻找当地的厨师一起加入研发，邀请当地消费者来品鉴，而非带着“教育”海外消费者的心态去做。因为教育市场的人终归会被市场所教育。

烹饪技艺的传承与创新：古法新烹，匠心独运传千里

在海外市场传承并创新中餐烹饪技艺，首先需简化制作流程，确保即便是非专业厨师也能制作出品质稳定的中餐。关键在于提炼出既能代表中餐精髓，又易于在海外复制的烹饪技术。例如，将复杂的手工拉面技艺转化为顾客互动环节，不仅展示了中餐的传统工艺，还增加了用餐体验的趣味性。同时，通过中央厨房实现标准化生产，结合地方厨房的个性化调整，确保菜品在保持一致性的同时，又能迎合当地的口味偏好。

其次，对海外厨师的专业培训至关重要。通过系统的教育和实践，让他们深刻理解中餐的地方特色和文化内涵。企业可以邀请资深大厨进行巡回授课，传授中餐的核心技艺和理念，从而提升整体的烹饪水平。这种由内而外的技艺传承和文化理解，不仅有助于提升菜品质量，还是中餐文化在海外传播的重要途径。

供应链管理：链通世界，保证品质如一

在全球化的过程中，中餐企业必须打造一个既灵活又可靠的供应链网络。海底捞的实践便是一个典型案例，其在新加坡建立的中央厨房不仅提升了食材的预加工效率，还确保了产品质量和供应链的高效运作。此外，面对供应链中的不确定性，企业还需建立风险评估和应对机制。例如，喜茶在供应链的选择上进行了战略性布局，为产品结构的调整提供了空间。

进一步讲，企业应运用先进的信息技术，比如供应链管理软件，来实时监控供应链状态。海底捞的中央厨房概念就是一

次成功的实践，它实现了从生产到配送的全流程管理。同时，多元化供应商策略是提高供应链灵活性的关键，海底捞通过与多个供应商合作，有效降低了对单一供应商的依赖，见图 4-3。

图 4-3　海底捞的菲律宾门店，靠新加坡等地的中央厨房成功在东南亚多国开店

此外，为了应对海外市场的特殊需求，一些企业如蜜雪冰城，通过在目标市场建立生产基地，不仅解决了原材料在运输过程中的损耗问题，还为品牌在海外市场的稳定发展提供了坚实的保障。由于茶饮食材对食品保质保鲜技术和仓储物流体系的要求比较高，国内出口的原材料在运输过程中会出现损耗，造成海外门店原材料数量不足。为解决这一问题，2022 年年初蜜雪冰城分别于越南、印度尼西亚成立了 4 家经营公司，主要从事设施设备的运营以及原材料的采购。蜜雪冰城还通过全资子公司与福建泉州喜多多食品合作，于 2023 年年底至 2024 年年初在菲律宾投资建设椰浆与椰果加工厂，提供当地饮品所需

核心原料。海外布局生产基地，为蜜雪冰城进驻海外市场提供了坚实保障。通过这些措施，中餐企业能够在保持食品品质的同时，快速适应并打开市场，还能满足不同市场的需求。

文化的交流与融合：文化交融，味自心生

在海外市场，中餐企业要想吸引并留住顾客，必须超越美食本身，提供深度的文化体验。首先，文化适应性是关键。企业应根据不同文化背景调整菜单，如喜茶根据地区口味定制茶饮，以满足当地消费者的喜好。其次，品牌故事的讲述同样重要，海底捞通过其独特的服务理念吸引了海外顾客。此外，店铺装修中融入中国元素，如凑凑在新加坡的店铺设计，不仅营造了独特的就餐氛围，还加深了顾客对中国文化的感知。

企业还应与当地社区和文化机构合作，通过美食节、烹饪课程等活动，提升品牌的知名度和影响力。例如，喜茶在巴黎的古筝演奏活动，不仅吸引了顾客，还促进了中法文化的交流。而海底捞在新加坡的“火锅 + KTV”模式，以及呷哺呷哺的节日营销策略，都展示了中餐企业如何通过创新和文化融合，赢得海外市场的认可。

关于店铺装修，企业可以通过以下方式体现品牌的元素。

- **文化元素融合。**在装修设计中融入中国传统文化元素，如中国风的图案、书法、国画、屏风等，展现中国艺术美感。
- **地域特色展示。**根据中餐菜系的地域特色，如川菜的辣、粤菜的清淡，通过装修反映不同地域的饮食文化。
- **开放式厨房。**设置开放式厨房，让顾客直观感受中餐制作过程，增加顾客对品牌的信任感。

● **故事性设计。**通过墙面装饰讲述品牌故事，比如使用与品牌相关的壁画和装饰，加深顾客对品牌的认知。

● **互动体验区。**设置茶艺展示或点心制作互动体验，让顾客参与其中，提升品牌互动性和体验感。

● **技术融合。**利用数字屏幕和互动技术，展示中餐文化和品牌故事，增加科技感。

● **环保理念。**采用环保材料和节能设计，体现品牌的社会责任和环保意识。

通过这些策略，中餐企业不仅能够满足华人对家乡味道的渴望，还能吸引更多当地消费者，推动中餐文化的全球传播。每一道菜都是文化的使者，每一次品尝都是心灵的交流。

市场适应性：深谙其心，本土为根

中餐出海，和其他品类不同，开店投入大、回报时间长，所以更需要对海外用户口味、用餐习惯进行深度洞察。餐饮企业可以采取多种策略来洞察市场。假设要在海外开一家中式面馆，我们可以根据市场洞察方法拟订清晰的出海调研及行动计划书，见图 4–4。

当前，我们也可以借助大数据、AI、新媒体等手段，进行用户画像分析。

（1）分析消费者的购买历史，帮助企业识别他们的消费模式，并随消费者偏好的不断变化，持续进行跟踪。

（2）参与当地的文化活动和节日庆典，了解特定时期的饮食习惯。

（3）与当地的食材供应商、餐饮协会建立联系。

市场洞察方法

一、市场调研
目标：收集定量和定性数据，了解消费者需求和偏好。
二、消费者行为分析
目标：识别消费模式，适应消费者偏好变化。
三、合作伙伴网络构建
目标：建立行业联系，获取信息，提升品牌知名度。
四、顾客体验优化与创新
目标：提升顾客满意度，吸引和保留客户。
监测与评估
资源配置
分析预算和人力资源，确保各项行动计划的顺利实施。
网络管理
识别可能的风险因素，制定相应的应对策略

出海行动计划书：中式面馆出海策略

一、市场调研阶段
设计在线问卷：包含至少 20 个问题，覆盖消费者对面食的偏好、消费频率、价格敏感度等。
实施电话访问：计划访问至少 300 名潜在顾客，获取深度反馈。
组织焦点小组：每月至少组织 2 次，每次邀请 8~10 名消费者参与。
深度访谈：每周至少进行 5 次。与当地餐饮业者和文化专家进行深入交流。
媒体分析：设定每周至少分析 100 条相关评价和反馈，使用工具如 Brandwatch 或 Hootsuite。
二、消费者行为分析
购买历史调研：通过调研问卷收集至少 500 条消费者过往的餐饮消费记录。
用餐频率调查：了解至少 200 名消费者的用餐频率，识别主要消费时段。
趋势监测系统：设立系统，每周跟踪至少 10 个消费者偏好的变化趋势。
参与文化活动：每季度至少参与 2 次当地文化活动，了解特定时期的生活习惯。
三、合作伙伴网络构建
寻找供应商：确定并联系至少 5 家当地的食材供应商，确保原材料供应。
加入当地餐饮协会：成为至少 2 个当地餐饮协会的会员，参与行业交流。
合作意见领袖：与至少 3 位当地有影响力的美食博主和餐饮评论家建立合作关系。

图 4-4　以在海外开面馆为例的市场调研计划书举例

（4）与当地的美食博主、餐饮评论家合作。

（5）举办新品试吃活动，邀请消费者提供反馈，可以帮助企业了解哪些菜品最受欢迎，见图 4-5。

市场调研和本地化还有一个难点是，在海外市场中餐企业可能面临认证和知识产权的双重挑战。东南亚各国的认证要求各异，特别是清真认证的严格要求，使得产品合规性成为出海的首要任务。例如，泰国规定所有食品原料必须在泰国生产，增加了供应链的复杂性。此外，知识产权的风险也不容忽视，如瑞幸咖啡在泰国遭遇商标抢注问题，凸显了提前进行知识产

图 4-5　东南亚的糖葫芦广告，因增加甜度和当地人喜欢的水果，成为热销品

权保护的重要性。

为应对这些挑战，企业需要采取积极措施，例如茶百道，通过完成知识产权申报和资质申请，并通过协商或法律途径保护品牌权益。同时，企业在招聘和合作时，应进行详尽的背景调查，确保安全合规，避免潜在冲突。

新加坡等地有着严格的监管要求，涉及食品安全管理和营业执照等，要求企业必须严格遵守当地法规，而中餐特色调味品的使用，比如酱油、豆豉和一些腌制品、糟醉制品也需适应当地标准，以确保合规并减少法律风险。见图 4-6。

图 4-6 对于中餐中的重油重辣食物，需要特别说明成分及调料，避免给品牌带来不必要的麻烦

品质把控与品牌建设：品质铸魂，品牌扬名

对于中餐出海来说，品质和品牌是紧密联系在一起的。标准化生产对品质控制至关重要，企业需要通过中央厨房实现菜品的标准化生产，确保“千店一味”。例如，海底捞通过中央厨房实现了菜品的标准化生产，确保了所有门店的菜品质量一致。此外，企业可以选择在核心商业区开店，利用地标建筑做广告宣传。例如，喜茶的美国首店开在纽约百老汇大道，并且在纽约时代广场大屏播放广告，提高了品牌的知名度。企业还需要优化成本结构，特别是控制食材成本。海底捞就是通过建立中央厨房和冷链物流中心，才有效控制了食材成本。最后，

企业应该进行定期质量检测，确保符合出口标准。通过持续的品质管理和品牌宣传，企业才能建立国际信誉。见图 4–7。

图 4–7　中餐包点的开放式厨房，增加当地人对品牌的信任

供应链的全球化布局是现代餐饮企业出海的必经之路。构建一个覆盖全球的供应链网络，包括原料采购、加工、储存、运输等环节，是确保原料及时供应和质量把控的关键。此外，设立风险评估和应对机制，以应对供应链中的不确定性因素也是必不可少的。利用先进的信息技术，如供应链管理软件，实时监控供应链状态，多元化供应商，减少对单一供应商的依赖，这些都是企业在全球化布局中需要考虑的策略。

持续创新力：匠心永续，创新引领

餐饮市场竞争激烈，需要不断创新以维持竞争力。随着消费者口味的变化和技术的进步，企业必须不断创新才能保持领先地位。

首先，技术创新至关重要，企业需要采用先进的物流技术，如冷链物流，保证食材在运输过程中的新鲜度。其次，企业需要持续推出新品，以吸引顾客的兴趣。例如，凑凑在新加坡市场推出的清凉椰子鸡锅和叻沙锅底，成功吸引了当地消费者的关注。此外，企业还可以收集市场反馈，不断调整产品和服务。例如，喜茶在美国市场的初期产品调整，展示了如何根据市场反馈进行产品和服务的优化。最后，企业应该利用科技和数据分析，预测和引领市场趋势。特别是在 AI 时代，通过大数据分析，企业可以更好地理解消费者的需求和市场趋势，为未来的业务发展做好准备。

中餐出海深刻体现了文化与商业的双重深远影响。它不仅缓解了海外华人对家乡味道的深切思念，加强了华人社群的凝聚力，还通过提供地道的中国餐饮体验，促进了不同文化之间的交流与融合，加深了全球消费者对中国美食的认识和欣赏。在全球化的大背景下，中餐的全球化布局已超越了单纯的经济行为，成为中国文化软实力的重要组成部分，显著提升了中国品牌的国际影响力。中餐出海不仅是对商业版图的拓展，更是中国文化自信和时代精神的全球传递，让世界因中国味道而多彩。

中餐出海新变局

过去，中餐出海面临诸多难点，如文化差异较大、品牌认知度不足、供应链管理挑战以及市场准入门槛高等。例如，早期在海外开设的中餐馆往往局限于唐人街等华人聚居区（图 4–8），难以进入当地主流市场。此外，中餐的复杂烹饪技艺和特殊食材需求也给标准化和规模化带来了难题。据行业数据显示，过去中餐企业出海的成功率并不高，部分原因就在于对海外市场法规和消费者偏好的理解不足。

图 4-8　早期中餐馆往往都开在唐人街

然而，自 2023 年起，中国的餐饮品牌出海进入了一个新的发展阶段，这一年被业内誉为“中国餐饮出海的元年”。根据毕马威（会计专业服务机构）的调查，中国餐饮品牌出海的时长大幅缩短，2014 年成立的餐饮企业平均需要 5.8 年才能完成首次海外市场布局，而到了 2022 年，这一时间降至仅需 1 年。

中餐出海破局点

大规模中央厨房的建立

中央厨房在中餐出海战略中扮演着核心角色，它不仅是效率优化和统一标准的关键，更是实现“千店一味”品牌口碑的基石。自 2011 年概念成型以来，中央厨房随着餐饮行业的蓬勃发展而不断进步，成为支撑整个行业发展的重要力量。

海底捞通过建立蜀海供应链，采用中央厨房模式，借鉴阿米巴经营理念，成功推动了“全员参与经营”的管理模式。这一模式使得海底捞能够服务近 200 家餐饮企业，包括 7-11、热辣壹号等知名品牌，确保了食材的标准化和品质的统一。多地布仓的中央厨房模式，如在北京、上海、郑州、武汉、西安等地的实施，优化了物流配送，缩短了运输时间，保障了食材的新鲜度。此外，海底捞建立了包含 8 个中央厨房和 43 个冷链物流中心的完善体系，形成了从生产加工到门店管理的全产业链协同效应，极大提升了品牌的国际竞争力。

供应链管理、人才培养能力的外溢

据中国连锁经营协会《2024 年中国餐饮加盟行业白皮书》显示，中国餐饮连锁化率已从 2021 年的 18% 进一步提升到了 2023 年的 21%，见表 4-2。10 年前，像海底捞这样的企业还名不见经传，但是当前，它以超过 1400 亿元的市值、全国拥有 1300 多家门店、海外 100 多家门店成为中国餐饮连锁行业中最具价值企业。在中国餐饮连锁化的过程中，许多餐饮品牌孕育了非常强大的供应链管理能力、冷链技术、人才培养能力，对于当前出海模式，已经一改过去单打独斗、完全依靠厨师的特点，具备了能够复制、传播、迭代和外溢的能力。

表 4-2　前六大餐饮连锁企业门店数、净利润及营收情况

2023 年				
品牌名称	门店数	净利润	营业收入	资产合计
海底捞	1374 家	44.95 亿元	414.53 亿元	271.64 亿元
呷哺呷哺	833 家	-1.99 亿元	59.18 亿元	未披露
九毛九	726 家	4.53 亿元	59.86 亿元	65.21 亿元
小菜园	537 家	5.36 亿元	45.49 亿元	62.3092 亿元
西贝莜面村	340~400 家	未披露	62 亿元 +	未披露
绿茶餐厅	360 家	3.03 亿元	35.89 亿元	未披露
2018 年				
品牌名称	门店数	利润	总收入	资产合计
呷哺呷哺	800+ 家	4.62 亿元	47.34 亿元	未披露
老乡鸡	800+ 家	未披露	30 亿元 +	未披露
海底捞	466 家	16.46 亿元	164.69 亿元	11.94 亿元
九毛九	400 家	7400 万元	18.93 亿元	未披露
西贝莜面村	350~400 家	未披露	56 亿元	未披露
全聚德	121 家	1.2 亿元	17.77 亿元	16.01 亿元

数据来源：鲸纬咨询根据公司年报数据整理。

海外物流的发展

近 10 年来，随着全球化贸易的不断深入，海外物流行业取得了显著进步，为中餐原材料的国际输送提供了便利。特别是冷链物流技术的发展，确保了中餐所需的新鲜食材和特有调味品能够在长途运输中保持其品质和风味。特别是东南亚地区，由于地理位置接近中国，加之区域内物流基础设施的快速发展，已成为中餐出海的热门区域。中餐企业可以利用高效的海运和空运网络，将原材料快速送达东南亚各国，满足当地中餐厅的需求，缩短了供应链，降低了成本。

新的营销和传播方式使得中餐的品牌性、在海外的认知度大幅提升

现代营销策略，特别是数字营销的运用，为中餐品牌的海外推广提供了新的路径。通过社交媒体、在线广告和搜索引擎优化（SEO），中餐企业能够更有效地触达目标市场的潜在顾客。中餐品牌通过讲述其独特的品牌故事和文化背景知识，在海外市场建立起情感联系。这种故事性营销不仅能够提升品牌认知度，还能够增强顾客的品牌忠诚度。

第二节
案例分享：海底捞强大的供应链管理让全世界爱上火锅

在我们过去的咨询案例中，关于餐饮业的供应链管理，企业往往都会提出这样一个问题——我们看看海底捞是怎么做的？

海底捞国际控股有限公司（以下简称海底捞）在国际市场上通过其强大的供应链管理系统，成功地将火锅文化推广到了全球多个角落。截至 2025 年 1 月，海底捞已在海外设立了 123 家门店，其中 8 家是新开业的，这标志着品牌持续扩张的步伐并未停止（图 4-9）。这些门店分布在不同的地理区域，东南亚地区以 75 家门店的数量占据首位，东亚紧随其后有 17~18 家，北美则有 20 家门店，而其他国家如澳大利亚、英国和阿拉伯联合酋长国（以下简称阿联酋）等共有 10 家。

海底捞访谈问卷

服务标准化
海底捞如何在全球范围内维持其著名的服务水平，包括快速响应和服务个性化？
为了确保员工能够按照公司标准提供一致性的优质服务体验，海底捞做了哪些培训工作？
区域分散性带来的挑战
对于海底捞来说，在不同市场之间相对独立的情况下，如何克服难以形成协同效应的问题？
当进入新的海外市场时，海底捞怎样建立品牌形象和客户基础，而不依赖已有市场的品牌积累？
文化差异和服务模式的移植
海底捞特有的服务体系能否成功复制到国外市场，特别是那些对中国饮食文化不太熟悉的消费者群体中？
法律法规遵从性
不同国家对于食品进口、经营许可等方面的规定增加了运营复杂度，海底捞是如何研究并遵循所有适用法律要求的？
食品安全与质量控制
如何确保海底捞在海外市场的食品原料安全性和品质的一致性？
供应链效率与成本控制
海底捞采取了哪些措施来优化物流配送，从而降低成本并保证食材的新鲜度？
供应商选择和产品创新
新品测试与大规模生产之间的平衡对海底捞来说意味着什么？
海底捞如何确保新产品能够成功推向市场？

图 4-9　海底捞访谈问卷

策略一：巧用分类，优化全球与本地资源结合

海底捞在供应链管理上的一个重要策略是巧妙地区分哪些原材料必须从中国进口，哪些可以就地取材。这一策略不仅有助于保持品牌特色和菜品质量的一致性，还能有效降低运输成本并提升响应速度。

如何区分哪些从中国进口，哪些可以从当地采购

首先说底料，作为火锅的灵魂，海底捞坚持使用来自中国的特制底料。这些底料由总部研发团队精心调配，并在中国境内生产，确保了口味的正宗性和稳定性。为了维持品质如一，

即使在全球范围内扩张，海底捞也选择将底料等关键调味品从国内直接供应到海外各个门店。

另外还有一些特定食材。对于一些具有代表性的中国食材，比如某些种类的蘑菇、中药材或特定品种的肉类，海底捞也会考虑从中国进口，以满足消费者对地道风味的需求。

当地采购的新鲜食材大致包括生鲜类食材、季节性特产两大类。

关于生鲜类食材，根据不同国家和地区的气候条件及农业特点，海底捞优先选择当地供应商提供的新鲜蔬菜、水果和肉类。这样做不仅能保证食材的新鲜度，减少长途运输带来的损耗，还可以更好地适应当地的饮食习惯。

关于季节性特产，利用当地季节性农产品的优势，海底捞会推出限时供应的特色菜品，既增加了菜单的多样性，又为顾客带来了新鲜感。

通过实施上述分类采购策略，海底捞实现了供应链标准化和本地化的有机结合，这样做有以下几个好处。

- **原材料采购成本降低。**通过与当地供应商建立稳定的合作关系，海底捞可以更灵活地应对市场需求变化，同时降低了国际物流成本。此外，本地采购也有助于促进当地经济发展，增强企业社会责任感。

- **服务本地化。**海底捞还注重门店员工的本地化招聘，将晋升机会和培训侧重于本地员工，这不仅有助于提高服务效率，还能更好地理解本地顾客的文化需求。

- **成本控制和效率提升。**海底捞不断优化其供应链流程，采用先进的库存管理系统和技术手段来监控并预测需求，从而避免过度储存或短缺的情况发生。与此同时，通过精简配送网络和优化运输路线，海底捞减少了不必要的开支，提高了整体运营效率。

我在这里给大家提供一个框架，方便大家进行供货上的分类选择，见表 4–3。

表 4–3　供货分类选择

食材类型	选择依据	推荐来源
特色底料或者调料	直接关联品牌身份，保持正宗风味	中国进口
季节性水果	易于在本地找到优质供应商，且能提供新鲜体验	本地采购
稀有中药材	在国外市场难以找到相同品质的产品	中国进口
日常消耗量大的蔬菜、肉类	使用频率高，价格敏感，本地供应更稳定	本地采购
传统小吃的关键配料	对菜品风味有重大影响，且不易找到替代品	中国进口

策略二：以人为核心，构建温暖有传承的本地化供应链

在出海过程中，许多企业往往容易忽视人才梯队的建设。当我们谈到本地化供应链时，往往只侧重有形的“物”——食材、原料、装修等，然而能够支撑供应链最核心的元素，往往是人才价值链。

海底捞深知，成功的国际化不仅依赖于食材的质量和物流效率，更离不开一支高效、专业的本地化队伍。因此，海底捞将“人才梯队”视为其全球化战略的核心组成部分之一。那么，关于人才梯队建设，海底捞做了哪些事呢？

员工以本地招聘为主，领导层多元化

海底捞坚持门店员工以当地招聘为主的原则，确保了服务团队能够深入了解并适应本地顾客的需求与文化背景，以本地人服务本地顾客，直接打破跨文化沟通的障碍。这种做法不仅提高了服务的专业性和亲和力，还提升了品牌在当地社区的融入感。

随着企业的发展壮大，海底捞逐步培养了一批来自不同国家和地区、具有丰富行业经验的管理层人员。目前，海底捞员工，包括门店经理层面，大约有 1/4 的员工是外国国籍。这些非中国籍的管理者中，既包括长期居住在海外的华人，又有完全本地化的员工，如东南亚地区的越南店经理和泰国店经理等。

师徒关系与人才培养体系

为了确保服务质量的一致性以及企业文化的有效传递，海底捞特别重视内部培训和发展机制。尤其是在海外市场，海底捞延续并强化了其独特的“师徒制”（或导师制），即每位新入职的服务员都会有一位经验丰富的师父进行一对一指导。

在海底捞的企业文化中，“师徒关系”不仅是一种简单的培训模式，还是连接老员工与新成员的桥梁。通过这种方式，海底捞不仅帮助新员工快速掌握工作技能，还能让他们深刻理解公司的价值观和服务理念。这一传统在海外尤其受欢迎，因为许多当地员工更容易接受这样一种基于信任和个人联系的工作方式。就算是普通服务员，也会有自己的师父。海底捞的师徒制在全球范围内得到了广泛应用，这不仅有助于维持高标准的

服务水平，还使得海底捞能够在不同文化背景下保持一致的品牌形象。例如，在东南亚地区，许多店面经理都是从基层服务员做起，经过多年的实践锻炼和导师的悉心栽培，最终成长为独当一面的领导者。

师徒关系或者导师制也是企业出海过程中非常好的管理模式，许多地区的传统文化中都有这种导师制，比如东南亚、非洲等地，欧美大企业的发展又使得这种模式进一步扩展。见表4–4。

表4–4　各国现代企业中的师徒/导师制度

国家	师徒/导师制度	具体目标
阿联酋	现代企业中的导师计划	迪拜大型公司：为新入职员工安排专门的导师，帮助他们更好地融入职场并实现职业目标
捷克	制造业中的师徒合作	汽车制造等行业：经验丰富的一线工人担任新员工的导师，帮助他们快速适应工作环境并提升技术水平
日本	职人精神与终身雇佣制相结合	丰田汽车公司：通过严格培训和师徒式指导确保每一位工人成为多技能的专业人才
德国	双轨职业教育体系中的师徒合作	手工业协会：监督认证各类手工艺行业的师徒关系，确保学徒在合格指导下成长为专业人士
美国	现代企业中的导师制度	谷歌等科技巨头设有正式的导师计划，旨在帮助新员工更快地融入公司，并提供职业规则指导和技术支持

海底捞的师徒关系还有一层作用：海底捞一直以非常贴心的服务文化著称，许多人会质疑，对于这种贴心服务，其他国家的人会喜欢吗？对他们来说是否成为一种打扰？

发挥当地华人的作用

在全球化进程中，海底捞还有一个制胜秘诀就是充分认识到海外华人社区的独特优势，并积极利用这一资源来加强其本地化运营。许多海外华人虽然已经取得了外国国籍或长期居住在海外，但他们仍然保留着对中国文化的深厚情感和理解。这部分群体在海底捞的国际化进程中扮演了重要角色，特别是在以下几个方面。

- **文化桥梁。**海外华人熟悉中国的饮食文化和商业习惯，同时也了解所在国的文化特点和社会规范。他们可以作为海底捞与当地市场之间的沟通桥梁，帮助公司更好地适应当地市场需求。
- **经验传承。**许多海外华人已经在当地生活多年，积累了丰富的行业经验和人脉资源。例如，在东南亚地区，一些海底捞门店的经理就是由在当地生活 10 年以上的华人担任，他们不仅带来了宝贵的管理经验，还促进了师徒关系的有效实施。
- **人才储备。**海外华人社区为海底捞提供了丰富的人才库。这些人才不仅具备良好的中文沟通能力，还能迅速融入海底捞的企业文化。通过招聘和培养这些人才，海底捞确保了服务团队能够更好地理解和满足顾客的需求，同时也促进了多元文化的融合。
- **社区支持。**海外华人通常拥有紧密的社交网络，可以通过口碑传播吸引更多的潜在顾客。此外，他们还可以积极参与社区活动，提升品牌的知名度和社会影响力。

下放权力，提高分店和大区经理的权限

海底捞采用高度分权的管理模式，总部主要负责制定标准化流程和提供战略支持，而将大部分经营决策权下放给区域和本地管理层。大区经理负责跨区域协调和资源调配，分店经理则拥有充分的自主权，能够根据当地市场特点灵活调整菜品结

构、营销策略和门店运营。总部仅通过食品安全、出品标准等核心规范进行管控，确保品牌一致性，同时赋予各地管理层充分的创新空间，实现全球统一标准与本地化运营的有效结合。

在具体决策机制上，海底捞采用“自下而上”的提案审批制。新项目由大区经理提交方案，总部负责最终审批，但日常经营中的关键决策，如定价、用工和品类管理，均由分店经理和大区经理自主决定。总部仅设定基础框架，例如要求菜单必须包含牛羊肉等核心品类，但允许各地根据市场反馈调整或下架滞销产品。

总部通过“抓大放小”实现高效管控，重点关注食品安全、服务标准和供应链管理等核心环节，而将产品创新、门店运营等执行权充分下放。例如，分店经理可以自主引进本地供应商的菜品，只需符合总部的安全和流程标准即可上架。这种管理模式既降低了总部决策负担，又激发了区域创新活力，使海底捞在全球化扩张中既能保持品牌调性，又能深度融入不同市场需求，形成可持续的竞争优势。

服务出海如何应对跨文化挑战

首先，海底捞的核心服务理念是提供超出顾客预期的服务体验。这不仅体现在对顾客需求的快速响应和菜品上桌时间的高效管理上，还通过一套相对标准化的培训和评估体系来确保服务质量的一致性。海底捞并不会特别要求服务员工的学历背景或高端餐厅的礼仪标准，而是聚焦于满足顾客的实际需求。这种以顾客为中心的服务哲学使得海底捞在不同文化背景下都能保持一致的服务标准，减少了因文化差异带来的不确定性。

其次，海底捞的员工激励机制也体现了灵活性和适应性。例如，在美国市场，海底捞采用了小费池的形式，根据当天的服务状态进行二次分配。这种方式既尊重了当地的小费文化，又确保了员工之间的公平竞争。小费池的分配由员工自行处理，不计入公司账目，这一做法不仅提高了员工的积极性，还避免了潜在的文化冲突。

最后，新员工入职后会有一位经验丰富的师父指导其成长。当徒弟对公司服务意识或者企业文化理解不透彻的时候，师父就可以观察到，手把手教徒弟改正。随着员工逐步晋升到管理层，他们通常已经完全接受了海底捞的价值观和服务理念。因此，海底捞在管理和激励方面有着明确的目标——只激励和培养那些能够认同并遵守企业文化的人。而一旦接受了这种企业文化，员工和管理者也往往有更高的忠诚度。

策略三：总结优势，拓展品类

我做投资人的时候，跟海底捞高层管理者有过多次交流。他们特别提到，从客户画像角度分析，不同国家客户消费频次存在差异，海外华人消费频次与国内相比较低。

- **国内市场。**在中国，火锅作为一种受欢迎的传统美食，消费者可以达到较高的消费频率。由于饮食习惯和文化认同度高，许多顾客会将海底捞视为日常聚餐、家庭聚会或朋友小酌的理想选择。
- **海外市场。**对于饮食习惯完全不同的欧美族裔而言，火锅更多地被视为一种“尝鲜”或特殊场合的选择。这类顾客的消费频次明显低于国内水平，且难以形成高频消费的习惯。相对而言，东南亚地区的华人较多，他们对中餐尤其是火锅有着更高的接受度。然而，即便如此，非华人群体的消费频次仍然较低，主要是因为当地气候炎热，人们更倾向于清淡的食物。

据海底捞统计，在中国，所有的会员平均下来是 1 年 4 次消费，但是在海外市场很难达到这个数字，火锅这个品类对于外国人来说是尝鲜或者特别低频消费的一个品类。那么，这种情况怎么办？

鉴于单一火锅品类可能存在的市场天花板问题，海底捞已经开始积极探索其他餐饮业态，以期扩大市场份额并吸引更多类型的消费者。具体措施包括但不限于以下几点。

- **东南亚市场的快餐类面馆。**针对年轻上班族和学生群体的需求，海底捞在东南亚开设了快捷方便的面馆，提供拉面、米粉等快餐。这种尝试既保留了中式风味，又符合快节奏生活的要求。
- **美国市场的面馆收购与运营。**海底捞在美国收购并整合了一家当地知名的面馆品牌，利用其成熟的供应链和品牌影响力，结合海底捞自身的管理和服务优势，实现了双赢的局面。
- **印尼市场的韩式拌饭。**结合当地消费者的口味偏好，海底捞推出了类似韩式拌饭的新品类，不仅丰富了菜单选择，还吸引了更多元化的顾客群体。
- **北美市场的麻辣烫尝试。**麻辣烫作为一种更加灵活多变的小吃形式，在北美的年轻一代中获得了不错的反响。通过这种方式，海底捞能够更好地融入当地市场，并逐步培养出一批忠实粉丝。

此外，海底捞还采用了“赛马机制”，即鼓励内部创新，允许不同的团队尝试各种新概念餐厅。一旦某个品类表现出色，就迅速复制推广，以此来应对市场变化并抓住新的增长点。

拓展品类的战略思考

海底捞意识到，单纯依赖火锅这一单品难以满足所有市场需求，尤其是在国际化进程中面对多元文化和饮食习惯时。因此，公司正在积极寻求多样化的产品组合，旨在打造一个既能保持核心竞争力又能适应不同地区特点的品牌形象。

通过引入快餐、面馆以及其他适合当地人口味的新品类，海底捞不仅能够提升整体消费频次，还能增强品牌的多样性和灵活性。更重要的是，这种策略有助于打破传统火锅品类的局限性，使海底捞在全球范围内成为一家更具包容性和创新性的餐饮企业。

哪些餐饮品类可以迁移

我在海外考察时，经常发现不同国家美食之间的融合和共性。例如以下是一家在东南亚的日式料理店，这家店就抓住了菲律宾人爱吃炸物、炸鸡的特点，专卖各种各样的天妇罗，非常受当地人喜爱（图 4–10）。

再举一个例子，对于中亚许多国家来说，奶制品往往非常受欢迎，中国的甜咸奶茶、内蒙古的各类奶酪和奶糖也广泛受到当地欢迎（图 4–11）。

格鲁吉亚有一种传统美食“辛加利”，和中国的饺子很像，面皮里面也会添加各种馅料（图 4–12）。

图 4-10　菲律宾的一家日式料理店，店内的天妇罗非常受本地人喜欢

图 4-11　哈萨克斯坦人喜欢的奶茶、奶糖和其他奶制品

图 4-12 格鲁吉亚第比利斯的饺子店

这样的例子非常多，大家在某个国家考察市场时，也可以看看当地有没有和中国非常相近的菜系，从共性入手往往能够快速打开局面，表 4-5 涵盖了一部分与中国相近的菜品可以作为参考。

表 4-5 当地和中国相近的菜品

国家 / 地区	当地菜肴	相似中国菜品	相似点说明
意大利	意大利饺子	中国饺子	形式上相似，都是将馅料包裹在面皮中，然后煮熟或煎制
俄罗斯	俄罗斯饺子	中国饺子	形状较小，通常用猪肉、牛肉或羊肉作为馅料，类似于中国的水饺，搭配酸甜口味的酱汁食用
德国	德国酸菜	中国东北酸菜	都通过发酵制作，味道酸爽开胃，常用于炖肉、烤猪肘等菜肴中，是冬季餐桌上的常见配菜
法国	法式高汤	中国高汤	重视原材料的选择和长时间熬制，以提取食材的鲜味，可以作为基础汤底，用于各种汤品和炖菜

续表

国家 / 地区	当地菜肴	相似中国菜品	相似点说明
土耳其	土耳其烤肉	中国西北烤肉	使用羊肉、鸡肉或牛肉，配上蔬菜和调料一起烤制，也可以卷入饼中食用，吃法相似
日本	日式拉面	中国面条	深受中国面条文化影响，尤其在汤底和配料方面有许多共同点，强调面条的口感和汤头的味道
韩国	韩式拌饭	中国盖浇饭	将多种蔬菜、肉类和米饭混合在一起，最后加上特制酱料拌匀食用，体现了丰富的层次感和多样化的口味
印度	印度咖喱	中国川菜麻辣锅	以香料为主，具有浓郁的风味，可以搭配米饭或面食，成为一顿丰盛的餐食，尽管调味上有差异
越南	越南春卷	中国春卷	用米纸或面粉皮包裹各种蔬菜、肉类和海鲜，再蘸酱汁食用，体现了清爽健康的饮食理念
墨西哥	墨西哥玉米饼	中国煎饼馃子	用玉米饼或面饼包裹各种蔬菜、肉类，形成便携式的快餐食品，适合快速消费场景，受到广泛欢迎

策略四：供应链与货币双向支持，构建稳健的资金循环系统

在全球化进程中，海底捞不仅注重食材和人力资源的本地化，也高度重视资金管理和风险应对。通过打造本地供应链，海底捞实现了利润在当地留存，并将其用于新店开设和支持业务增长。这一策略不仅降低了汇率波动带来的财务风险，还增强了企业的资金流动性和市场响应能力。

本地供应链建设的资金需求

建立一个完善的本地供应链体系需要大量的前期投入。对于海底捞来说，企业还需要额外的资金来支持以下几个关键

领域。

- **供应商合作。**寻找并培养可靠的本地供应商，确保食材的新鲜度和质量，是构建稳定供应链的基础。海底捞致力于与当地农户、渔民以及食品加工企业建立长期合作关系，以确保原材料的质量和供应稳定性。

- **物流设施。**投资仓储、运输等基础设施，保证供应链的高效运作至关重要。海底捞通过设立区域性配送中心，优化物流路线，提高了配送效率，降低了运输成本。同时，先进的冷藏保鲜技术也被广泛应用，确保了食材的新鲜度。

- **技术升级。**引入先进的信息系统和技术设备，提升供应链管理效率，是海底捞保持竞争力的关键因素之一。公司积极采用物联网（IoT）、大数据分析等现代信息技术，实现了供应链全程可视化监控，从而提升了整体运营效率和服务水平。

- **人员培训。**为员工提供专业技能培训，确保服务质量和标准的一致性，是海底捞品牌价值的重要体现。无论是厨师还是服务员，每位员工都经过严格的岗前培训，确保他们能够为顾客提供优质的服务体验。

这些投入虽然短期内增加了成本，但从长远来看，却能够显著提高运营效率和服务水平，进而促进企业的可持续发展。

利润留存与再投资

海底捞在各地设立门店时，特别强调将大部分利润留在当地市场，作为后续发展的资金来源。具体措施如下。

- **新店开设。**利用留存利润快速布局新的门店，形成规模效应，降低单位成本。通过这种方式，海底捞能够在短时间内迅速占领市场份额，扩大品牌影响力。例如，在东南亚市场，海底捞已经成功开设了多家门店，并逐步建立了稳定的供应链网络。

- **供应链优化。**持续改进和完善供应链体系，确保食材供应稳定且价格合理。海底捞不断探索更高效的采购方式，如直接从产地采购新鲜食材，减少了中间环节，既保证了食材质量，又降低了采购成本。

- **社区回馈。**积极参与当地公益活动，提升品牌形象和社会责任感，吸引更多顾客光顾。海底捞深知，良好的企业形象不仅是吸引顾客的重要手段，还是赢得社会认可和支持的基础。因此，公司在全球范围内积极开展各种形式的社会责任项目，如捐赠、志愿服务等，赢得了广泛的好评。

这种做法不仅有助于减少跨境资金转移带来的不确定性，还能增强公司在当地的影响力和竞争力，进一步巩固海底捞在全球市场的地位。

用一个流程图可以清晰展示利润留存与再投资，见图 4-13。

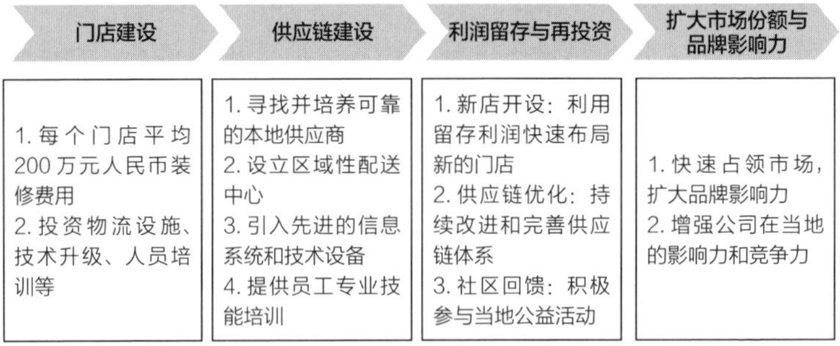

图 4-13　利润留存与再投资

策略五：开店标准化与本地化相结合

门店装修风格的标准化

在国内市场，海底捞各个地区的门店装修风格大致相同，这得益于前期开模和模板化的设计方案。通过这种方式，海底捞不仅节省了大量的时间和成本，还保证了品牌形象的高度一致性。在全球化进程中，海底捞继续沿用这种标准化的设计风格，使顾客无论身处何地都能感受到熟悉的品牌氛围。

然而，为了更好地融入当地市场，海底捞也在细节上进行了适当的调整。例如，在东南亚地区，部分门店会加入一些具有地方特色的装饰元素，以吸引本地消费者。这种既保持整体风格一致又体现地域特色的做法，有效地增强了品牌的吸引力和认同感。

供应链与工程团队的本地化

在海外开店时，海底捞积极寻找可以互补的本地供应商和工程团队。尽管中国的原材料和制造成本优势明显，但在某些情况下，出于物流、关税等因素考虑，选择本地供应商更为经济高效。海底捞在多个国家和地区建立了稳定的本地采购渠道，并严格筛选具备施工资质的工程团队进行合作。

- **成本控制。**通过对比不同供应商的价格和服务质量，海底捞选择了性价比最高的合作伙伴，确保项目成本可控。
- **质量保障。**对于关键部件和材料，海底捞仍然坚持使用国内优质产品，确保门店建设的质量标准不打折扣。
- **监理实施。**海底捞委托关联方如易之华负责不同国家的工程监理和实施工作，确保每个项目的施工质量和进度符合预期。

适应中国游客需求

考虑到中国游客在海外消费的比例较高，海底捞在门店设计和服务细节上也做了相应的调整。根据与海底捞管理层交流，具体数据可以从信用卡来源地，维萨卡或者银联结算比例等信息中看出，中国游客确实是海底捞海外门店的重要客源之一。因此，海底捞特别注重为这部分顾客提供熟悉的用餐环境和服务体验，比如保留中文菜单、提供中式调味品等，从而提升了顾客满意度。

总结来看，如果要在海外开门店，可以从以下几方面进行衡量，见表 4–6。

表 4–6　海外开门店的考虑因素

维度	本地化调整内容	总部管控内容
品牌形象	融入地方特色元素，如装饰、艺术品	统一的品牌视觉识别系统（VI），包括标识、颜色、字体等
	适应当地审美偏好	品牌核心价值和服务理念的一致性
施工管理	根据当地法规选择材料和技术	关键设备和技术标准由总部指定或认证
	利用本地供应商和劳动力降低物流成本	工程质量监控和进度跟踪由总部关联方负责
服务体验	提供符合当地习惯的服务细节（如支付方式、菜单设计）	全球一致的服务流程和标准，确保顾客体验
	针对特定顾客群体提供定制化服务	服务质量指标（如响应时间、上菜速度）的全球统一标准
文化适应	组织参与社区活动，增强归属感	定期审查文化融合策略的效果，确保品牌价值观在全球范围内的正确传达
	尊重并反映当地文化和节日习俗	

总结一下，如何打好供应链的牌？那就是“本地化程度越高，走得越远”。本地化的程度越高，那么市场空间就会越大，因为你的店只有让本地顾客接受，才能有长远发展的能力。

我们可以通过以下五个策略打好供应链这张牌，见图4-14。

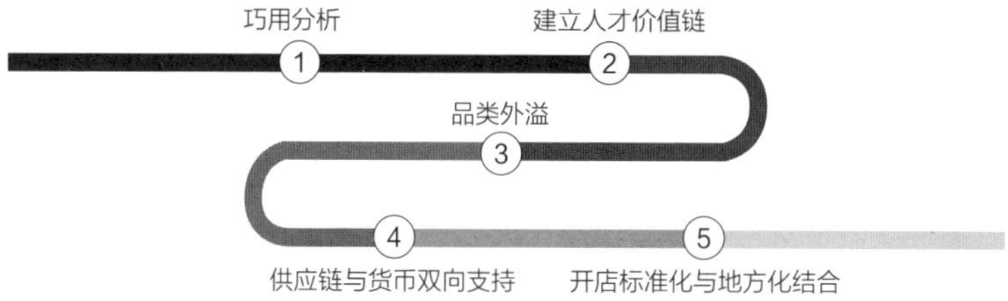

图 4-14　五个供应链策略

第三节
机遇捕捉：中餐如何在全球化中创新和融合

对中餐来说，想要在全球化大潮中博得一席之地，首先要关注未来全球餐饮趋势会如何变动。根据商业咨询公司 2024 年发布的报告，全球餐饮行业预计每年的增长速度在 6.9%。

合同餐饮市场强势增长

餐饮行业可以分为合同餐饮和非合同餐饮，其区别如表 4-7 所示。

表 4-7　餐饮行业区别

对比维度	合同餐饮	非合同餐饮
服务对象	特定客户群体，如企业员工、学生、患者等	广泛的公众，任何愿意付费的人都可以成为顾客
合同期限	较长，可能是几个月甚至几年	即时性，每次消费都是独立的一次性交易
服务定制化	根据客户需求定制	一般遵循既定菜单，较少个性化定制
责任界定	明确，通过合同条款详细规定	相对模糊，依赖于法律法规和行业规范
价格机制	可能会有批量折扣或其他优惠政策	通常是市场价格，随市场波动而变化
监管强度	较强，因为涉及特定人群的安全健康问题	中等，主要依靠食品卫生监督部门进行常规检查

从市场格局来看，全球合同餐饮市场规模要比非合同餐饮市场规模大得多。所以随着中国出海企业增加、中国企业员工增多，中餐出海也可以考虑把握合同餐饮市场。

合同餐饮的自身优势

稳定的客户群体

- **长期合作关系。**合同餐饮通常涉及与特定机构（如企业、学校、医院等）建立长期的合作关系，这为中餐品牌提供了相对稳定且持续的收入来源。相比之下，非合同餐饮依赖于零散消费者的随机消费，收入波动较大。
- **固定需求。**由于合同餐饮主要服务固定的员工群体或其他特定人群，其需求较为稳定，不易受到外部经济环境变化的影响。这对于刚进入海外市场的中餐品牌来说尤为重要，因为企业可以在初期阶段通过服务这些稳定的客户群来积累经验和资源。

文化认同感

- **满足华人及亚裔员工的需求。**许多中国企业在海外设有办事处或工厂，聘用了大量来自中国的员工。对于这部分人群而言，中餐不仅是日常饮食的选择，更是连接家乡情感的重要纽带。因此，在提供合同餐饮服务时，中餐能够更好地迎合他们的口味偏好和文化习惯，增强员工的工作满意度和归属感。
- **促进跨文化交流。**除了服务华人社区，中餐还可以作为桥梁，帮助外国同事更好地了解中国文化。例如，一些公司可能会组织中式美食节等活动，邀请所有员工参与体验，从而增进团队内部的文化交流与融合。

易于管理和标准化

- **高效运营。**合同餐饮往往涉及大批量的食物准备和服务流程，这对供应链管理提出了更高要求。而中餐品牌经过多年在国内市场的磨炼，已经形成了一套成熟的标准化操作程序（SOP），可以有效保证菜品质量的一致性和供应效率。
- **成本控制。**通过批量采购食材、集中生产加工等方式，合同餐饮可以帮助企业降低成本，提高经济效益。此外，由于合同餐饮的服务对象相对集中，物流配送等问题也更容易得到解决。

政策支持与合规性

- **符合当地法规。**在全球化背景下，各国对食品安全和卫生标准的要求日益严格。中餐品牌若能成功打入合同餐饮市场，则意味着需要严格按照当地的法律法规运作，这有助于树立良好的品牌形象，并为后续进一步拓展市场打下坚实基础。

- **政府鼓励。**不少国家和地区为了吸引外资和技术人才，出台了多项优惠政策，其中包括对企业食堂建设的支持措施。中餐品牌可以通过参与此类项目获得更多的发展机会。

合同餐饮的市场优势

市场规模优势

从全球视角来看，合同餐饮市场的规模远大于非合同餐饮市场。根据相关报告预测，至2029年，全球合同餐饮市场规模将达到数千亿元人民币，并保持较高的年复合增长率。这意味着随着中国经济国际化的步伐加快，越来越多的企业走出国门，相应的合同餐饮需求也将随之增长。

人口红利释放

随着中国企业不断扩展海外市场，尤其是制造业、科技等行业的大规模布局，大量的中国籍员工也随之迁移至世界各地工作。这部分人群构成了一个庞大的潜在消费群体，他们不仅需要解决一日三餐的问题，还希望通过熟悉的美食缓解思乡之情，从而为中餐创造了广阔的发展空间。

产业链协同效应

当越来越多的中国企业走向世界舞台时，围绕这些企业的上下游产业链也会逐渐形成。例如，金融、物流、咨询等行业将伴随主营产业一同出海，进而带动整个生态圈内的餐饮需求。中餐品牌可以通过构建本地化的供应链网络，提供一站式解决方案，增强与客户的黏性，实现互利共赢的局面。

对于中餐出海，未来可以考虑的几个发展方向，如表 4-8 所示。

表 4-8　合同餐饮发展方向

合同餐饮的客户类型	特点及优势
中资企业驻外机构	稳定的需求：长期且稳定的订单来源；文化认同：满足中国员工对家乡风味的需求；合作基础：更容易与本国品牌建立信任关系
国际学校与教育机构	多元文化环境：适合多样化饮食需求；健康饮食理念：符合现代家长对孩子健康的重视；品牌推广机会：借助学校的口碑效应扩大影响力
医疗保健机构	特殊膳食需求：定制化食谱以适应不同患者的需要；情感关怀价值：改善住院华人的心理状态；社会责任体现：塑造正面的企业形象
政府部门及公共事务部门	政策支持导向：获得官方层面的支持；文化交流平台：促进中外友好交流；高标准服务质量：提升自身服务水平
军事基地或安全相关设施	安全保障优先：获得极高的信誉背书；独特地理位置：填补偏远地区的餐饮空白；特殊使命关联：展现企业的社会责任
大型跨国企业	高端定位匹配：吸引高净值人群；国际化视野融合：根据客户需求调整菜单设计；长期战略合作：实现双赢

未来发展趋势

打造标准化产品及爆品

以合同餐饮为例，非常明显的趋势是爆品的出现，特别是对于中餐来说，一个成功的爆品能够在短时间内吸引大量关注，迅速提升品牌的知名度和影响力。以锦全食品为例，该公司凭借其月销千万串的烤串产品成功打入多个国家市场，展示了跨境爆品的强大吸引力。对于初入陌生环境的中餐品牌来说，找到并推出符合当地消费者喜好的爆款单品，可以帮助它们更快地融入目标市场，在积累初期用户的同时，为进一步扩展业务打下良好开端。

围绕爆品展开的研发投入相对集中，有利于突破原有供应链的上限。具体来说，如果某个单品销量激增，那么围绕该产品的上下游产业链也将随之得到强化和发展。如前所述，当一家连锁餐饮企业的某一爆品销量达到一定规模后，就需要寻找固定的优质供应商来保证长期稳定的高品质原料供应。这不仅解决了短期内可能出现的供需失衡问题，还为后续新品开发提供了更加坚实的物质支持。

爆品往往是品牌最直观的代表作，容易给人留下深刻印象。像麦当劳的经典汉堡或是星巴克的手工咖啡，这些标志性产品已经成为各自品牌的象征符号。同样，中餐品牌若能打造出具有鲜明特色的爆品，将在很大程度上增强自身的辨识度，使消费者更容易记住并推荐给他人。尤其是在竞争激烈的国际市场环境中，拥有独特的卖点可以使企业在众多竞争对手中脱颖而出。

已经出海的餐饮企业爆品如表 4–9 所示。

表 4–9　餐饮行业爆品汇总表

企业名称	爆品	特点	成果
海底捞	陈皮鸡与改良宫保鸡丁	适应美国消费者口味的甜酸风味	在四大洲 13 个国家经营 119 家餐厅
太二酸菜鱼	酸菜鱼	四川风味，鲜美汤底与恰到好处的辣度	海外开设多家分店，计划进一步扩张
蜜雪冰城	冰激凌圣代	亲民价格，丰富口感，适合年轻消费者	全球超过 3.6 万家门店，海外 4000 家，覆盖 11 个国家
瑞幸咖啡	生椰拿铁	新式咖啡风味，用椰浆替代牛奶	新加坡一年内新开 30 家店，计划在印度尼西亚开 400 家店

续表

企业名称	爆品	特点	成果
霸王茶姬	清爽奶茶	差异化路线，不同于当地甜腻的珍珠奶茶	马来西亚前四大茶饮品牌，总业绩排名第二

加大在亚洲核心区域的布局

从地区来看，亚洲 – 太平洋地区依然是餐饮行业增长最快的地区，企业在全球化布局中可以优先考虑这一地区。那么，具体应该如何布局呢？

注重互联网营销手段

从订购模式来看，离线的订购模式增长更快。而一旦采用更多离线订购模式，餐厅互联网主页就非常重要。全球优秀的餐饮公司往往采用照片墙（Instagram）社群营销的方式，在主页上进行品牌差异化的说明，也完成和用户的情感连接，通过故事讲述、文化元素融入等方式建立情感纽带。

以照片墙为例，企业可以从以下角度来打造自己的主页。

- **展示企业故事。**讲述一个引人入胜的品牌故事可以帮助消费者更好地理解企业的使命、愿景及其背后的价值观。通过分享品牌创立之初的故事或创始人的心路历程，企业可以有效地拉近与受众之间的距离。例如，一家传统中餐馆可以在其照片墙账号上发布一系列照片和视频，介绍家族几代人传承下来的烹饪技艺，或者如何将传统的食谱现代化以适应现代人的口味。这样的内容不仅能够展现品牌的独特性，还能激发用户的情感共鸣。

- **展现有机农场或供应链透明度。**对于那些强调健康饮食或者可持续发展的餐厅来说，在照片墙上公开自家食材来源是赢得信任的好方法。企业可以通过实地拍摄农场风光、工人劳作场景等照片，向粉丝们展示食品从田间到餐桌的全过程。此外，企业还可以邀请知名博主参观农场，并让他们体验采摘新鲜蔬果的乐趣，随后在平台上分享这些经历。这种方式不仅可以增加品牌的可信度，还符合当前消费者对“看得见”的食品安全性的追求。
- **聚会场面与节日庆典。**人们总是喜欢看到欢乐热闹的聚会氛围，因此适时地记录并分享店内举办的各类活动是非常必要的。无论是情人节情侣套餐特别优惠日、圣诞节期间布置精美的店铺内部装饰，还是周末家庭日孩子们参与自己动手烘焙课程的照片，都能成为吸引新老顾客关注的理由。同时，在重要的节假日来临之际，餐厅可以提前预告即将推出的特色菜品和服务项目，鼓励顾客前来庆祝，从而提高客流量。
- **强化互动版块。**创建一个活跃且充满活力的社区对于任何社交媒体账号来说都是至关重要的。为此，企业应该积极回应评论区留言，组织线上问答环节，解答关于菜单的问题；定期举办摄影比赛，邀请客人上传他们在餐厅用餐的美好瞬间；设立专属标签（Hashtag），方便追踪所有相关帖子。通过这些方式，企业不仅能加强用户黏性，还能收集宝贵的反馈信息用于改进服务。

学习全球头部餐饮巨头的经验

在全球餐饮服务市场中，头部餐饮公司在各自领域内占据重要地位，并且通过不同的特色和优点在全球市场上也占据一席之地。我们的中餐企业也可以积极学习这些头部公司在全球范围内扩展的特点和优势，积极进行全球化布局。

以下是全球餐饮领军企业的发展情况，供大家深度学习，见表 4-10。

表 4-10　全球餐饮领军企业的发展情况

公司英文名称	公司中文名	市值	企业出海地
Compass Group PLC	金巴斯集团	520.33 亿美元	超过 50 个国家，包括美国、苏丹、东帝汶、利比里亚、布隆迪、厄立特里亚、黎巴嫩、塞浦路斯和叙利亚等
Elior Group SA	伊莱尔集团	7.153 亿美元	意大利、美国、西班牙、英国、印度
Sodexo SA	索迪斯集团	130 亿美元	美国、英国、意大利、西班牙、中国、日本、印度、澳大利亚、新西兰、南非、巴西
ISS A/S	欧艾斯集团	30.8 亿美元	瑞典、挪威、芬兰、英国、法国、德国、中国、日本、印度、印尼、新加坡、美国、加拿大、南非、巴西、澳大利亚、新西兰
Newrest Group Services SAS	纽瑞斯特集团服务公司	27.2 亿美元	英国、德国、意大利、西班牙、中国、日本、印度、新加坡、马来西亚、美国、加拿大、巴西、南非、安哥拉、澳大利亚、新西兰
Hutten Catering BV	胡滕餐饮服务公司	未查询到数据，营业额 1.3 亿欧元	主要集中在欧洲，包括德国、比利时等
Cotton Culinary	科顿餐饮服务公司	未查询到数据	主要集中在美国
Aramark Corporation	爱玛客公司	107.6 亿美元	加拿大、英国、德国、智利、爱尔兰、西班牙、中国等
Delaware North Companies Inc.	特拉华北部公司	未查询到数据	加拿大、澳大利亚、英国

续表

公司英文名称	公司中文名	市值	企业出海地
Gategroup	盖特集团	未查询到数据	美国、英国、德国、法国、意大利、西班牙、加拿大、澳大利亚、新加坡

数据来源：鲸纬咨询根据公司年报及公开资料整理。

健康与营养

在许多海外消费者眼中，中餐往往代表着高热量、油腻、辛辣。中餐如果要拓展更大的市场空间，就需要迎合全球餐饮的消费趋势，从健康和营养方面吸引消费者的目光。

- **推出多样化健康菜单。**中餐企业可以设计并推广一系列低脂、低糖、素食以及有机食品选项，以满足不同消费者的健康需求。例如，根据川菜产业国际化发展的经验，餐厅可以通过优化供应链，确保使用新鲜天然的食材，并在菜单上标注菜品的营养价值，如热量、脂肪含量等信息。同时，提供“营养餐”系列，帮助顾客轻松选择符合个人健康目标的食物组合。

通过店内宣传资料或线上平台分享有关健康饮食的知识，教导顾客如何正确地搭配食物，从而享受美味又健康的用餐体验。比如，中国烹饪协会提倡将荤素搭配作为餐桌上的基本法则，这不仅有助于保证全面的营养摄入，还能促进中餐文化的传播。

- **提供功能性食品。**结合传统中医理论和现代营养科学，开发具有特定健康益处的功能性食品。例如，在保持原有风味的基础上，适当加入枸杞、山药等中药材，或者创造富含膳食纤维的新品粗粮主食，以及有助于降血脂的传统凉拌黑木耳等菜品。这类创新不仅能提升菜品的价值，也能为中餐增添独特的卖点。

与科研机构或高校合作开展关于功能性食品的研究项目，探索更多能增强免疫力、改善心脑血管疾病或促进消化的成分，并将其应用于实际产品中。此外，企业还可以设立专门的研发团队，例如，秘鲁利马有一家全球排名常年前五的餐厅Central，旗下就设有饮食研究实验室，他们的工作人员走遍秘鲁全境，对菜品取材进行不断研发，其做法获得了海外食客及全球食评机构的认可，因而排名常年占据全球领先地位。

- **绿色环保。**实施精准采购策略，精确预估每日所需食材量，避免过度采购造成的浪费；同时，鼓励顾客适量点餐，并提供打包服务，减少剩余食物。正如一些大型龙头餐饮企业已经开始意识到改进烹调方法的重要性，开始从自身做起，比如北京顺峰饮食娱乐有限公司成立的“餐食安全研究所”和“餐厅营养研究所”，就是致力于减少不必要的资源消耗。

优先选用可降解、可回收的包装材料代替一次性塑料制品，减少对环境的影响。对于外卖业务，企业也可以考虑引入可重复使用的容器系统，既方便了顾客又保护了地球家园。

加强与本地农民和供应商的合作，确保所用原材料均为绿色天然且经过严格的质量检测。这样不仅可以支持当地农业发展，还减少了长途运输带来的碳排放问题。正如国际商业机器中国有限公司高级业务代表韩梅所建议的那样，利用先进的信息技术手段来革新中餐烹调方法，实现更加高效、环保的操作流程，推动可持续供应链建设。

- **本地采购。**积极寻找并建立与当地优质农产品生产基地的合作关系，确保获取最新鲜、最安全的食材。这样做不仅可以缩短供应链长度，降低物流成本，还有助于构建一个稳定可靠的供应体系，保障菜品的一致性和高品质。

向顾客讲述每一道菜背后的故事，包括食材来源、种植方式，以及其对当地社区的意义。这样的做法不仅增加了菜品的文化附加值，还让顾客感受到品牌背后的人文关怀。例如，当一家中餐馆在国外开设分店时，它可以选择与当地的农场合作，获取最新鲜的蔬菜、水果，同时也能向顾客传达出品牌的社会责任感和文化传承精神。

融合菜系的出现

中餐在全球化进程中展现出极大的适应性和创新性，融合菜系的出现正是这种趋势的一个重要体现。随着全球化的发展，不同国家和地区之间的美食交流日益频繁，这不仅促进了国外特色美食融入本地市场，也催生了众多颇具创意和特色的融合菜系。

那么，融合菜系具有哪些特点呢？请参考图 4–15。

图 4–15　融合菜品几大特点

下午茶是英式生活不可或缺的一部分，但如果将其与中国传统文化相结合，则能带来意想不到的效果。想象一下，在一个充满东方韵味的空间里享用着精心准备的新中式点心，如绿豆糕、红豆沙包、桂花糯米藕等，旁边还有一壶清香四溢的龙井茶。这样的体验不仅能让顾客感受到浓厚的文化氛围，同时也为他们提供了一个放松心情的好去处。

除了菜品本身之外，企业还可以围绕特定主题开设专门的餐厅，每一道菜背后都隐藏着一个有趣的故事。比如以《红楼梦》为背景打造一家古典园林风格的主题餐厅，菜单上的每道菜名都取自书中人物的名字，如“黛玉春笋”“宝玉蟹粉”等。顾客在享受美食的同时，也能更好地领略中国文学作品的魅力，如图 4–16 所示。

图 4–16　美国旧金山的中餐馆，晚上十点依旧有人在排队

笔者带领团队在海外调研和推动项目落地的过程中，深切感受到高端中餐在海外市场仍然属于蓝海领域。随着中国企业出海步伐加快，商务宴请需求日益频繁，尤其是在美国、阿联酋、墨西哥等关键市场，具备深厚文化底蕴且高品质的本地高端中餐资源明显不足。在这样的背景下，打造具有文化传承与现代创新相结合的高端中餐品牌，也能成为中国餐饮企业实现国际化突破的一条重要路径。

第五章
跨境电商，直达全球买家

在全球化的浪潮中，中国企业正以崭新的姿态走向世界。从制造业的强大支撑到数字经济的蓬勃发展，中国通过创新与变革，不断推动自身与世界的深度融合。而跨境电商作为连接中国与全球市场的重要纽带，正成为企业出海的重要路径。从传统外贸模式的局限到数字化技术赋能的新机遇，中国企业正在通过跨境电商，将优质的产品和品牌形象传递到世界的每一个角落。

第一节
痛点破解：如何跨越物流、支付和品牌壁垒

在跨境电商蓬勃发展的当下，物流速度成为影响消费者体验与企业竞争力的关键因素。在全球化电商竞争格局中，物流时效已成为决定企业出海成败的关键要素。而跨境电商供应链管理环节存在诸多痛点，严重制约着物流速度的提升。根据全球物流研究院数据显示，在2023年跨境电商客户投诉中，68%源于物流时效问题，而物流效率每提升24小时，客户复购率可提高13%。

跨境电商物流的复杂性让许多企业陷入困境，然而，这个问题并非不可解决，其根本痛点可总结为三个。

- **信息不透明。**消费者想实时查询物流，但系统常断链

（比如国内显示已发货，国外却查不到）。

- **资金被卡住。**货卖出 3 个月才能回款，但运费、仓储费都要提前垫付。
- **物流难掌控。**海运堵港、空运涨价、包裹丢失（疫情期间超 20% 的包裹延误）。

“信息 – 资金 – 物流”黄金三角模型

基于以上痛点，我提炼出可落地的“信息 – 资金 – 物流”黄金三角模型。

信息透明化：给物流装上“定位导航”

- **用一个系统打通全流程。**接入类似菜鸟国际的物流平台，做到工厂发货、海关清关、末端配送信息实时同步。
- **给客户“看得见”的安心。**物流系统要做到在订单页显示类似“包裹正在跨越太平洋”的节点更新。
- **提前预警风险。**利用系统预测港口拥堵（如洛杉矶港经常延误），自动切换运输路线。例如，深圳某手机配件企业接入敦豪物流系统后，清关时间从 3 天缩短到 8 小时，客户投诉减少 60%。

资金周转快：让钱流动起来

- **提前回款。**通过使用派安盈（Payoneer）、万里汇（WorldFirst）等国际收款平台，企业在发出货物后即可获得约 70% 的货款，显著缩短了传统 3 个月的回款周期，提升了资金流动性和运营效率。

- **本地结算。**在目标国家或地区开设收款账户（比如用中国香港账户收美元），可减少3%~5%的汇率损失。
- **轻资产运营。**和海外仓合作“代销”模式，卖货后再结算仓储费。

虽然我们的目标是资金周转快，但也要警惕“账期陷阱”，避免同时使用多个账期客户管理系统，避免资金错配。还要留足应急资金，当物流延误时，至少预留20%的现金流以应对退货或赔偿。

物流网络优化：建立弹性供应链

- **三步走策略。**将海外仓前置，在主要市场50千米内设仓（如在美国东西海岸各设1个主仓）。
- **多线路组合。**紧急货选择空运（3~5天达，成本\$8/千克）。常规货选择海运+中欧班列（15~20天，成本\$2/千克）。

爆款预存货物可以提前3个月海运备货到海外仓。

- **找靠谱伙伴。**选择有本地清关能力的物流商，比如递四方在欧美有自营清关团队。

基于以上黄金三角模型，企业在全球化进程中可以根据自身情况，设置自己的确认清单。

1周内可启动事项

（1）选择1个物流追踪系统（推荐：17TRACK、AfterShip）。

（2）开通1个跨境收款平台（推荐：万里汇、派安盈）。

（3）储备2~3家备用物流商（避免被单一渠道“卡脖子”）。

3 个月见效的改造

（1）建立销量预测模型（根据历史数据预判爆款）。

（2）在主要市场试点海外仓（先从 100 平方米合作仓开始）。

（3）培训财务团队使用供应链金融工具。

跨境电商的物流战争，本质上是“速度与效率”的比拼。通过黄金三角模型的系统优化，企业完全可以把物流从拖后腿的“包袱”，变成获取客户信任的利器，见图 5-1。

图 5-1　基于物流的迅猛发展，来自中国的商品能够到达欧洲物流相对落后的科索沃超市中

选择适合自己的托管模式，提升物流效率

值得注意的是，近年来随着跨境电商的快速发展，不同的运营模式也应运而生，全托管模式和半托管模式逐渐成为商家关注的焦点。这两种模式在责任分配、灵活性和适用场景上各具特色，为不同类型的商家提供了多样化的选择。那么到底如何选择呢？我们可以将两种模式进行对比，见表 5-1。

表 5-1　两种托管模式对比

模式	全托管模式	半托管模式
定义	平台负责定价、物流、售后等所有环节，商家只需按供货价提供商品，商家成为平台的“供应商”	平台负责运营，但商家需自行履约，包括发货和退换货等环节，商家掌控物流权
货权	货权在商家手中，平台无须承担库存风险，根据需求动态调整采购量	货权仍在商家手中，商家负责物流和履约
优势	商家省时省力，无须处理语言、物流、推广等复杂问题，零门槛入驻 适合不懂外语的商家，快速出海 平台负责营销，简化流程	商家能提高物流时效，借助海外仓优势实现快速配送 吸引更多品类入驻，适合中大件产品，如工业品、家居类 商家订单量增加，运费谈判有优势，成本降低，利润更高
劣势	品类受限，适用于轻小件商品 空运成本高，规格大或需合规认证的商品有本地备货压力 境外政策变动，如关税上调，对小包裹影响大	商家需承担履约和物流的管理成本 需要商家拥有或借助海外仓，否则难以实现物流效率提升
适用场景	轻小件商品 不熟悉海外市场的中小商家 语言能力和运营能力有限的商家	中大件商品 工业品、家居类产品等需要高时效物流的商家 有海外仓储资源的商家
物流时效	平台负责物流，从国内仓库到境外配送，通常需要 7~15 天	商家掌控物流，利用海外仓可实现 2~5 天配送，时效媲美亚马逊
典型平台	多多买（Temu）、希音、TikTok Shop、速卖通 Aliexpress	多多买（部分商家采取半托管模式）

数据来源：鲸纬咨询整理，2024 年年底。

跨境支付如何兼顾安全与便捷

跨境支付在跨境电商的发展中扮演着至关重要的角色。作为连接消费者与电商平台的核心环节，支付不仅直接影响消费者的购物体验，还对企业的资金流转、成本控制和市场拓展起到关键支撑作用。尤其是在全球市场竞争加剧、消费者需求日益多样化的背景下，高效、便捷、安全的跨境支付方案已成为电商企业制胜海外市场的必备要素。

然而，跨境支付并非易事。随着中国跨境电商企业加速布局全球市场，支付方式的多样化、货币兑换的复杂性、支付安全以及各国合规要求等一系列问题成为出海过程中的主要挑战。不同国家和地区的消费者有着截然不同的支付习惯，例如欧美地区偏向信用卡支付，而东南亚则盛行电子钱包，这为企业的支付适配和本地化带来了挑战。此外，外汇波动、结算周期长和高额手续费等问题，进一步压缩了企业的盈利空间。同时，各国对于跨境交易的合规要求日趋严格，如何确保交易的合法性和安全性，也成为企业必须面对的考验。

我国跨境电商支付方式涵盖了多种购汇和结汇模式，满足了不同类型的电商交易需求。目前，跨境电商领域中广泛使用的支付方式包括多种国际主流工具和技术平台，不同平台的特点和优势总结如表 5-2 所示。

表 5-2　不同支付平台的特点和优势总结

支付方式	特点	优势	适用场景
贝宝（PayPal）	全球最大的在线支付公司，支持 190 个国家和地区的 23 种货币	安全性高 使用方便 跨境小额交易的首选支付工具	零售行业的标配支付工具 跨境小额支付
派安盈（Payoneer）	覆盖全球 210 多个国家和地区的转账服务平台，专注于安全、快捷的转账服务	适合单笔交易额度较小、客户分布广的电商卖家 方便快捷	单笔额度较小的跨境交易 客户分布广泛的电商运营
信用卡收款	与维萨、万事达卡等国际信用卡组织合作，适合快速接收海外付款	快速便捷 国际化支付支持	独立 B2C 电商网站 标准化支付场景
电汇	通过银行电汇服务完成大额资金的跨境转移，安全可靠	安全可靠 适合大额资金转移	跨境 B2B 付款 适合大额交易的传统外贸场景

续表

支付方式	特点	优势	适用场景
速汇金（MoneyGram）	快速完成个人之间的资金转移，通常在十分钟内完成	快速便捷 适合紧急场景	个人快速汇款 紧急支付需求
空中云汇（Skrill）	支持全球范围支付，可将外汇转入国内银行账户	电子银行功能强大 国际化覆盖	小众支付场景 需要将外汇转入国内账户
WeMoney	在线电子支付系统，用户数已达数千万	支持银联卡取款 国际支付灵活	充值与提现依赖第三方平台 手续费较高的交易场景
ClickandBuy	以快速入账和高效提现服务为特色，支持特定国际交易场景	快速入账 高效提现	特定国际交易场景
香港离岸公司银行账户	通过香港离岸账户接收海外买家付款，适合规模较大的交易	符合合规要求 有效降低跨境支付成本	交易规模较大的企业 跨境电商与传统外贸场景

提升跨境支付便捷性的六大关键因素

区块链技术赋能跨境支付安全

区块链技术以其去中心化、不可篡改和高透明度的特性，正在为跨境支付注入全新活力。通过区块链技术，可以实现点对点的快速支付，减少中间环节，从而降低交易成本和时间。例如，在传统跨境支付流程中，通常需要通过银行和多级机构处理，而区块链能够直接连接支付双方，将支付成本降低至少50%。此外，区块链的透明性还可以有效减少欺诈行为，为跨境支付提供了更安全的技术保障。

数字技术提升风险防控效率

人工智能（AI）、大数据和虚拟账户体系等数字技术的广泛应用，正在显著提升跨境支付的效率和安全性。通过 AI 技术分析交易数据，支付平台能够实时监控和检测潜在的风险行为，从而减少欺诈和非法操作的发生。同时，大数据技术可以帮助跨境电商更精准地审核发票和交易记录，降低人工操作中的错误率和延迟。此外，虚拟账户体系的引入，也为支付流程带来了更高的灵活性和安全性，帮助企业实现自动化支付管理。

选择可靠的支付平台保障交易安全

跨境电商企业在支付平台的选择上，应优先考虑那些具有良好信誉和稳定运营能力的平台。例如，贝宝、派安盈等国际知名支付服务提供商，这些平台已建立起完善的风险控制体系，能够为交易双方提供安全的支付环境。这些平台通常具备数据加密、反欺诈系统和多层身份验证等功能，确保支付过程中的信息和资金安全。

强化身份验证与数据加密技术

跨境支付的另一个关键环节是保护用户信息。通过双因素身份验证、生物识别技术和端到端数据加密，支付平台可以有效防止支付数据的泄露与篡改。例如，双因素身份验证需要用户通过密码和动态验证码双重认证，进一步提高了支付安全性。而端到端数据加密则确保了从支付发起到完成的整个过程中，用户数据始终处于安全状态，从而有效降低了信息泄露的风险。

政策合规与全球支付解决方案

合规管理是跨境支付的底线保障。中国跨境电商企业在拓展国际市场时，必须密切关注目标市场的法律法规。例如，美国和欧洲的支付市场对反洗钱（AML）和了解客户（KYC）的监管要求极为严格，企业需确保其支付流程符合法规，以避免因违规而产生的经济损失或法律纠纷。同时，全球支付解决方案的引入，能够帮助企业建立覆盖多地区、多货币的支付网络，实现高效的资金处理和结算。

本地化服务结合全球化网络

在跨境支付的场景中，本地化服务与全球化网络的结合尤为重要。通过提供本地化支付方式，如满足特定国家的支付习惯和需求，跨境电商企业能够显著提升用户的信任感和使用体验。同时，全球化支付方案的覆盖能力，能够确保资金流动的高效性和安全性。例如，在支付网络的搭建中，企业既要确保满足当地市场的监管要求，又需具备全球资金处理能力，为用户提供无缝的支付体验。

跨境电商企业如何在国外打造品牌

在亚马逊封号潮与 TikTok 电商崛起的双重冲击下，跨境电商从“铺货卖货”逐渐转向“品牌出海”。安克（Anker）通过产品创新成为全球充电类目第一品牌；希音（SHEIN）用柔性供应链改写快时尚规则，这些案例揭示出跨境电商企业出海的核心策略，是通过精准战略布局实现“产品溢价—用户认知—文化共鸣”的三级跳。

在跨境电商领域，想要在国际市场中脱颖而出，需要从多个维度进行布局，我们可以根据以下步骤进行重新规划，见图5-2。

图 5-2　跨境电商品牌打造步骤

首先，找准市场切口，以精准定位切入国际赛道。定位对于品牌的重要性不言而喻，根据历史数据来看，在这一环节，一是要避开竞争激烈的红海市场，寻找潜力更大的蓝海市场，例如，3C 配件品牌倍思（Baseus）通过深入的市场洞察发现欧美市场缺乏兼具“科技感与美学设计”的配件产品。基于此，倍思推出了带呼吸灯效果的快充产品，客单价达到 39 美元，明显高于行业平均水平的 25 美元，体现了其在产品设计与品牌溢价上的竞争优势。具体操作时可以借助亚马逊选品运营数据平台（Jungle Scout）分析类目竞争度，寻找像宠物智能用品这种年增速达 58% 的“高需求低供给”细分市场；二是运用文化适配定价法，比如在东南亚市场，10~20 美元的高性价比产品最受欢迎，这个价格区间是参考虾皮（Shopee）网爆款商品得出的；而在欧美市场，可以采用 49.9 美元这样的定价技巧，比 50 美元少 0.1 美元能让消费者心理上觉得更划算；三是进行差异化产品卡位，从功能创新、设计突破、组合策略等方面入手，如添可（Tineco）吸尘器加入自清洁功能，比戴森（Dyson）便宜 30%，从而打开市场；安克（Anker）太空主题充电器获德国红点奖。

其次，打造品牌认知，建立“三感”传播体系，我总结为一个核心公式：

品牌认知 = 视觉锤 × 内容杠杆

在视觉符号构建上，通过颜色占领、IP 形象塑造、包装记忆点来强化品牌视觉印象，像希音的标志性粉紫渐变占据 TikTok 话题页，厨房品牌澳浦（Ourplace）用微笑锅具造型统一产品视觉，卡佩希（Cupshe）泳衣用热带植物图案包装盒使开箱晒单率提升 40%。本土化内容爆破方面，网红矩阵搭建要根据不同地区特点精准本土化，在美国选中腰部网红（5 万~50 万粉丝）与微网红组合，在日本启用“普通主妇”型素人代言，能使信任度提升 3 倍；平台内容策略上，TikTok 采用 15 秒产品使用场景剧，转化率比广告高 27%，照片墙（Instagram）则运用用户生成内容合集并带上 #MyBrandStory（我的品牌故事）标签。文化价值输出也是重要一环，通过环保主张、女性赋能、本地联名等方式，如澳步（Allbirds）用甘蔗纤维鞋底打入北美市场，希音在巴西赞助贫民窟设计师培训，大疆与洛杉矶消防局合作无人机救援宣传。真正的出海成功，是用当地语言讲好品牌故事。

最后，构建用户信任，破解“跨境信任困境”，见图 5–3。根据调研，有 68% 的海外用户担忧中国产品质量。在信任体系搭建上，我们可以根据图中方式来巩固用户信任。

品牌出海倒计时：6 个月关键行动指南

第 1~2 个月：市场破冰

☑ 完成 3 个竞品深度分析报告

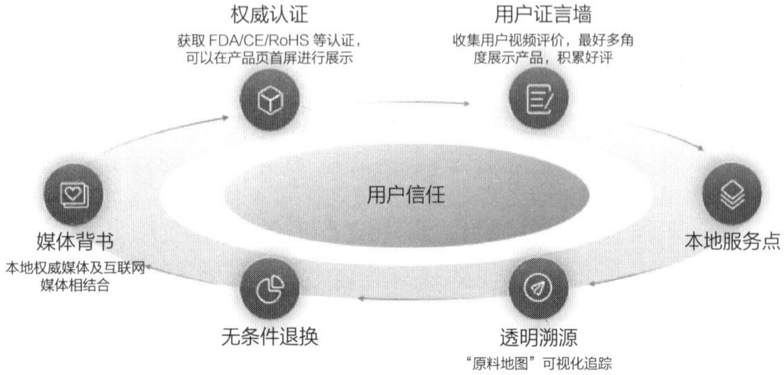

图 5-3　搭建信任体系方式示意图

☑ 建立本地化素材库（含 500+ 场景图 / 视频）

☑ 签约 5 个本土网红

第 3~4 个月：信任攻坚

☑ 获取 3 项国际认证

☑ 上线用户评价系统

☑ 建立应急响应标准作业程序

第 5~6 个月：生态构建

☑ 启动用户共创计划

☑ 布局首个海外仓 / 体验店

☑ 注册国际商标专利

第二节
案例分享：众多品牌如何在东南亚市场站稳脚跟

近年来，东南亚市场凭借其快速增长的互联网用户群体和蓬勃发展的电子商务生态，成为跨境电商企业争相布局的热门地区。在这个竞争激烈的市场中，被誉为“跨境电商四小龙”的多多买（拼多多旗下）、速卖通、希音和 TikTok Shop（抖音旗下），凭借各自独特的物流策略和市场打法，成功在东南亚站稳了脚跟，见图 5–4。通过灵活的物流模式、深度本地化的运营策略以及对目标消费者需求的精准把控，这些平台不仅解决了跨境物流的痛点，还逐步构建了高效的供应链体系和用户信任基础。

平台名称	希音	速卖通	多多买	TikTok Shop
平台简介	快时尚 跨境电商平台	阿里巴巴旗下 跨境电商平台	拼多多旗下 跨境电商平台	TikTok 旗下 跨境电商平台
成立时间	2012 年	2010 年	2022 年	2022 年
主要品类	时尚服装、家居等中东等	全品类	服装鞋帽、家居、3C 等	服装、美妆、3C 等
市场规模	北美、南美、欧洲和中东等地区 150 个国家	超过 200 个国家和地区	主攻欧美、日韩，已经进入超过 50 个国家和地区	东南亚、美国、英国等
商业模式	“小单快反”供应链模式、专注快时尚产品	覆盖国家市场多、覆盖商品齐全	拼多多模式，主打性价比、高额补贴	短视频 + 直播模式引流，聚焦年轻和社媒用户
流量来源	传统媒体、社交媒体广告推广	全球范围内广告推广	传统媒体、社交媒体广告推广	内容和广告推荐获取流量

图 5–4　跨境电商平台“四小龙”

本书以希音和多多买作为经典案例，深度解析其成功经验与可复制的策略方法。

案例一：希音的全球突围与东南亚制胜之道：从“小单快反”到平台化转型

希音作为一家全球知名的快时尚跨境电商平台，以其“小单快反”供应链模式、创新的营销手段、国际化布局和平台化战略在全球市场掀起了浪潮。从用户增长到商品交易总额爆发式增长，希音不仅在欧美市场占据一席之地，也逐步在东南亚等新兴市场站稳了脚跟。

市场规模的爆发与用户定位的精准切入

希音的成长速度令人瞩目。根据相关数据报告，希音在2023年成为全球购物类App下载量的冠军，并在美国市场中超越了亚马逊和TikTok等巨头，位列iPhone App Store下载榜榜首。其商品交易总额的复合年均增长率在2016—2023年达到了惊人的74%，使其稳居美国第三大在线时尚零售商，仅次于亚马逊和沃尔玛。

希音成功的背后，是对核心用户群体的精准定位。其主要目标群体为年轻女性用户，其占比达65%，其中25~34岁的用户占比超过30%。此外，美国的年轻一代群体中，44%是希音的消费主力。这种对年轻群体需求的精准把控，为其在东南亚等同样以年轻人口为主的新兴市场中打开了局面。

品类扩展与“小单快反”供应链模式

希音以服装、鞋履和珠宝配饰起家，目前已扩展至包括家居、美妆、电子产品、母婴用品、宠物用品等20多个品类，形成了全面覆盖用户生活的多品类生态。然而，希音的真正竞争优势在于其独特的“小单快反”供应链模式。

这种模式通过低于100件的小批量订单测试市场反馈，从而迅速调整生产计划。如果某单品市场反馈良好，供货商可以在短时间内迅速增加产量；反之，则降低乃至停产，避免了货物积压的风险。这种模式使希音的供应链反馈灵活且高效，其新品从设计到成品的周期仅为7~15天，每天可以上新2000

多款产品，每年上新超过 100 万款，大大超过竞争对手飒拉（ZARA）的上新速度（仅为希音的 1%）。

在东南亚市场，灵活多变的“小单快反”模式不仅满足了年轻消费者对时尚与个性的需求，还解决了市场对产品品类多样化的需求，进一步强化了希音的市场地位。

创新营销：社交平台与关键意见领袖推动增长

希音深谙年轻用户对社交媒体的依赖，与关键意见领袖和网红合作，打造高效的内容种草和产品推广。

这种强势的社交营销策略在东南亚也收获了显著效果。年轻消费者，尤其是“Z 世代”，高度依赖社交媒体获取购物灵感，而希音通过精准的社交内容、折扣活动和限时促销吸引了大量年轻用户。此外，通过 TikTok 等短视频平台，希音进一步实现了品牌传播和用户增长，为其在东南亚市场的渗透提供了强有力的支持。

国际化战略与本地化布局

在国际化战略方面，希音表现出了极强的适应能力。2021 年，希音将总部迁至新加坡，进一步巩固了其在东南亚市场的战略地位。在人才结构上，希音更倾向于聘用具有国际化背景的人才，可以帮助其更好地适应本地市场文化和消费习惯。

与此同时，希音通过在美国建立大型配送中心和在其他市场扩展仓储网络，不断优化物流效率。在东南亚市场，本地化物流布局和配送时效的提升让希音能够更快地满足消费者的需求，从而在该地区积累了良好的用户口碑。

半托管模式与平台化战略的加持

2024 年，希音上线了全新的半托管模式，进一步丰富了其商业模式。半托管模式不仅没有业绩要求，还没有月租和佣金，这极大降低了商家的准入门槛。卖家只需具备海外库存和履约能力即可开店，同时享受平台提供的专属流量支持。

这种模式的推出，意味着希音已经覆盖了从自营、代运营到半托管的所有主流跨境电商合作模式，为不同类型的商家提供了多样化的选择。尤其在东南亚市场，半托管模式降低了中小卖家的运营成本，吸引了更多本地和跨境商家入驻，进一步增强了希音在该地区的生态竞争力。

此外，希音的平台化战略也成为其重要的转型方向。通过“希音市场”（SHEIN Marketplace），希音开始引入更多第三方卖家，并将“小单快反”模式推广至第三方店铺，不仅增强了平台的商品多样性，还提升了平台黏性。与此同时，希音还进军二手交易市场，并通过一系列收购策略迅速扩展产品线和线下渠道。这些动作不仅扩大了其市场份额，还为其构建了更强的商业生态。

总之，希音的“全模式 + 平台化”战略，正在重塑跨境电商竞争格局，可参见图 5-5。

案例二：多多买的全球崛起与东南亚突围：低价策略与高效运营的双驱动

多多买（Temu）作为拼多多旗下的跨境电商平台，自成立以来展现出强劲的增长势头，迅速在全球市场崭露头角。根据部分行业分析机构的报告，2023 年多多买的营收有望占据拼多多

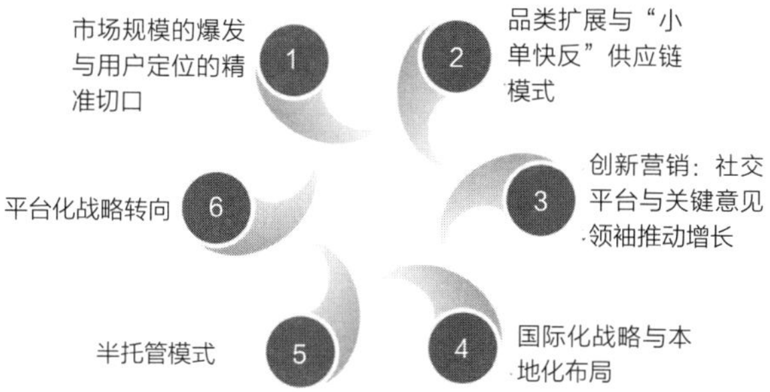

图 5-5 跨境电商六大商业模式

集团总收入的约 23%，预计在未来几年内，这一比例将持续提升，甚至有分析预测到 2025 年可能突破 50%。此外，市场普遍预估多多买的全球商品交易总额（GMV）将在 2024 年达到数百亿美元规模。多多买凭借其低价策略、高效供应链整合能力以及灵活的运营模式，逐步打开包括东南亚在内的多个重要市场。

降低入驻门槛：吸引商家与提升口碑

在入驻门槛上，多多买通过“无佣金、无广告费”的低成本策略，吸引了大量商家加入平台，尤其在价格敏感的东南亚市场，这种模式尤为奏效。平台为商家提供了极低的准入门槛，例如允许新入驻商家先进行试运营，达到一定销售额后再缴纳保证金。这一举措有效降低了商家的初期资金压力，并大幅简化了入驻流程。此外，在半托管模式下，多多买更是通过提供独立的流量入口、优化物流履约要求等方式，进一步帮助商家快速适应并成长。例如，平台对商家的发货和配送提出了严格的时效性要求，确保消费者在 4~9 天内即可收到商品。这种高效履约能力不仅提升了用户购物体验，还为多多买在东南亚市场树立了良好的口碑。

低价策略：核心竞争力的体现

多多买的低价策略可谓其最大的竞争优势。平台采用严格的“三比一罚”规则，通过全网比价来确保商品价格的竞争力。例如，对于拥有商标的商家，多多买按照亚马逊同款商品的75%~85%进行定价，无商标的商家则动态调整至全网最低价。根据统计，多多买在服装鞋履类商品上的价格比希音低30%以上，家居百货的部分商品甚至低至亚马逊的一半。与此同时，多多买还推出了“1美分选1”等促销活动，并采用“免运费”策略，为用户提供贯穿购物全流程的“省钱”体验。在以价格敏感为主要特征的东南亚市场，这种策略为多多买赢得了大量消费者的青睐。

半托管模式的扩展与品牌合作

为了进一步巩固市场，多多买也在不断扩大其半托管模式的影响力。2024年，平台已经覆盖了美国、加拿大、英国、德国、法国、澳大利亚等9个主要站点。东南亚市场中的一些本地仓商家也得益于这一模式，通过平台设立的流量入口和独立搜索选项，获得了更高的曝光率。同时，像小米、维达等知名品牌也与多多买建立合作，提升了平台的商品丰富度和吸引力。半托管模式不仅降低了商家的运营难度，还为消费者提供了更加快捷可靠的服务。

多渠道营销：社交裂变与品牌曝光

在营销策略上，多多买采用了多渠道推广模式，大规模投资社交媒体和传统广告，通过脸书、照片墙、TikTok 等平台展示产品，同时结合网红开箱测评和购物分享来制造“社交裂变”效应。2023 年，多多买网页和移动端流量同比增长超过 700%，谷歌搜索量增长了 788%，TikTok 上的 #Temu 标签浏览量达到 110 亿人次，展现出惊人的用户增长潜力。此外，多多买在传统广告领域也不遗余力，连续两年在美国“超级碗”赛事上投放千万美元级别的广告，标志性的广告语“Shop like a Billionaire”（“像亿万富翁一样购物”）和“The prices blow my mind. I feel so rich.”（“这样的价格让我太惊喜了。我觉得自己太有钱了。”）迅速成为热门话题。广告带来的流量爆发不仅推动了平台订单的激增，还进一步提升了品牌在全球范围内的认知度。

多多买的“饱和式营销 + 社交裂变”策略，创造了跨境电商增长新范式，见图 5-6。

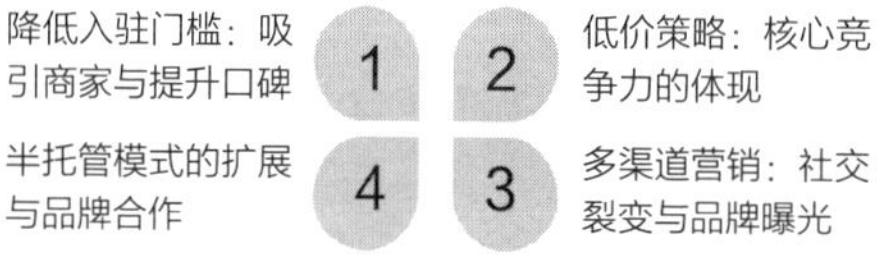

图 5-6　跨境电商增长新范式

第三节
机遇捕捉：RCEP 红利下，用大数据 +AI 精准读懂客户需求

近年来，随着国内电商企业纷纷拓展海外市场，跨境电商成为全球关注的焦点，同时跨境电商行业政策力度持续增强，

《区域全面经济伙伴关系协定》（RCEP）的签署，为跨境电商行业打开新的发展空间，在政策的引导和支持下，中国跨境电商迎来了快速发展时期。

2024 年，随着 RCEP 实施进入深水期，其带来的关税减免政策正为中国跨境电商企业创造巨大的增长机遇。

RCEP 时代来临，跨境电商将迎来哪些新机遇

贸易标准化削弱国际交易壁垒

过去，中国跨境电商在出口过程中面临的主要挑战之一是各国贸易标准的差异，这些差异往往带来高昂的合规成本和贸易壁垒。RCEP 的落地逐步化解了这一困境。协定覆盖了原产地规则、海关程序、检验检疫和技术标准的统一，为区域内的贸易建立了更加规范的贸易体系。区域内市场的贸易标准化显著削弱了各国之间的交易壁垒，大大简化了跨境电商的出口流程。

生产要素自由流动助力海外仓建设

RCEP 还为跨境电商的基础设施发展创造了更为便利的环境，特别是在海外仓的建设与运作方面提供了巨大助力。区域内各国之间生产要素的自由流动，包括商品、技术、资本和人员的便利化，为企业在目标市场建设海外仓创造了更多可能。

RCEP 推动跨境电商市场拓展与品牌建设

RCEP 通过降低关税、统一贸易标准、简化海关程序等措施，为跨境电商的市场拓展提供了强有力的政策支持。东南亚

作为 RCEP 的重要成员区域之一，不仅是一个快速发展的电商市场，还为中国跨境电商企业提供了扩大市场份额的最佳机会。在这一背景下，企业可以通过数字化平台更高效地连接全球消费者，充分利用 RCEP 的政策红利，实现业务的快速增长。

与此同时，RCEP 所带来的便利化政策，也为跨境电商企业的品牌建设创造了有利条件。过去，跨境电商更多依靠价格优势抢占市场；如今在 RCEP 的推动下，企业越来越注重通过技术创新和高质量服务来打造品牌形象。例如，依托 AI 技术的个性化推荐、大数据驱动的供应链优化，以及更加快速的物流体验，消费者不仅能够获得更高性价比的商品，还能感受到优质服务和品牌价值。这种从价格驱动向价值驱动的转变，将帮助中国跨境电商企业在东南亚乃至全球市场中实现可持续增长。

跨境电商 4.0 时代：AI 技术的深度渗透

颠覆性技术，尤其是人工智能（AI）正深刻渗透跨境电商行业的各个环节，从消费者体验到卖家运营，再到创作者赋能，全方位推动了行业的升级和转型。在消费者端，AI 技术通过个性化推荐、智能搜索以及客户服务的全面优化，为用户提供了更加精准和高效的购物体验。基于 AI 的大模型技术，使得对话机器人能够理解用户需求并给出个性化建议，甚至可以主动参与消费者购物的全流程，从商品搜索到售后服务，大幅提升了用户体验的便利性和满意度。

2023 年，跨境电商行业对先进技术的应用呈现出显著的层级化和阶段性特征，涵盖售前、售中和售后三个主要环节。从面向消费者的角度看，AI 技术正被广泛应用于优化用户体验。

在售前阶段，搜索和发现功能通过 AI 算法实现个性化推荐，使用户能够更高效地找到感兴趣的商品；基于大模型的客户服务也开始融入电商体系，通过引入先进的对话机器人技术，客服系统能够主动解答用户疑问，并为消费者提供个性化的建议。在售中环节，人工智能使结账流程得以优化，实现一键下单及更高效的支付体验；而在售后环节，智能客户服务机器人被广泛应用，通过自动化处理用户咨询，大幅减少人工介入的成本。

从面向卖家的视角来看，AI 技术的引入进一步优化了运营与管理流程。在售前环节，动态价格预测成为跨境电商平台提升竞争力的重要工具，通过 AI 技术实现实时价格调整，优化库存和定价策略。与此同时，AI 的应用帮助卖家在商品管理中实现高度自动化，比如基于商品特性优化广告投放，提升了卖家的营销效率。在售中环节，合同与安全管理依托图像识别和 AI 技术，有效提升了合同审阅和监管的精准性；供应链与库存管理通过技术创新实现物流需求的预测与优化，大幅提升了供应链效率。在售后环节，AI 工具被广泛应用于仓储管理和售后服务中，不仅优化了物流效率，还降低了人力资源的使用成本。

对于面向创作者的群体，AI 技术也赋能了内容创作和展示的新模式。虚拟试穿技术成为跨境电商的重要创新，通过 VR（虚拟现实）和 AR（增强现实）技术支持，消费者在购买商品前可预览产品效果，大大提高了购买决策的效率和准确性。同时，AI 图像生成技术在营销素材的制作中发挥了重要作用，不仅降低了内容创作成本，还使广告内容更加个性化，从而增强了品牌宣传效果。

在 RCEP 与数字化技术的双轮驱动下，中国跨境电商正迈入一个全新的发展阶段。跨境电商的终极战场，不是商品交易总额的竞速，而是全球化生存能力的进化。当关税壁垒与地缘博弈成为新常态，企业需要构建“超本土化”能力：既深入洞察特定人群的分期购物习惯，又能用区块链技术守护不同买家的数据隐私；既能在一些地区的直播电商中玩转本土网红经济，又能以环保理念赢得成熟消费者的价值认同。在这场远征中，真正的护城河不是流量算法，而是跨文化共情能力、敏捷供应链和可持续品牌价值的叠加。历史终将证明，唯有那些将“出海”升维为“入海”——融入人类命运共同体浪潮的企业，才能让中国商业文明真正闪耀于星辰大海。

第六章
小家电，大市场

当一台贴着“Haier”（海尔）标志的智能冰箱被安装进纽约布鲁克林的家庭厨房时，这不仅是产品的跨境流动，更是一场关于生活方式的重构——2022 年全球智能家电市场规模约为 290 亿美元，预计到 2030 年将增长至 585 亿美元，年复合增长率约为 9.2%。在中国，智能家电出货量曾实现超 17% 的年增长。海尔作为全球销量冠军连续多年位列第一，而在高端电视领域，TCL 快速追赶，并在高端细分市场取得突破性进展。但光鲜数据背后，暗流涌动：某国产扫地机器人因不符合欧盟地毯厚度标准遭批量退货，某空气炸锅品牌因忽视中东电压适配损失千万订单。这些真实案例揭示着家电出海的深层逻辑：这不仅是商品的贸易，更是技术标准、文化习惯、服务体系的系统战。

本章将拆解家电出海的“跃迁法则”：如何洞悉海外客户需求，突破“廉价代工”认知茧房；优秀的出海品牌如何打开当地市场大门；新兴市场有哪些金矿。当我们剖析不同模式时，你会发现：家电出海的下半场，赢家永远是那些能提供“完整生活解决方案”的破局者。

第一节
痛点破解：如何让用户记住你，让产品跟上需求

小家电：撬动全球消费潜力的产业风口

小家电通常指的是体积较小、功率较低、价格相对亲民的家用电器产品，具有操作简单、功能实用、便于携带等特点，并广泛应用于家庭生活的各个方面。目前，小家电产品种类繁多，按用途和功能可以大致分为厨房电器、生活电器、健康电器以及美容护理电器等。

近年来，中国家电产品以高性价比和新技术应用受到国际市场认可，在全球市场上大放异彩。中国海关总署数据显示，2023 年前 11 个月，中国累计出口家用电器达到数亿台，同比增长约 20%。尤其是小家电品牌，凭借产品创新和供应链优势，在海外市场表现亮眼，成为中国外贸增长的新动力。根据阿里巴巴国际站发布的数据，2023 年小家电出口订单同比增长超过 30%，美国、墨西哥、英国、德国、法国、澳大利亚、荷兰和西班牙等主要市场的订单增速均高于整体水平，体现出中国制造在全球消费市场的强劲竞争力。见图 6–1。中国小家电企业要想在日益激烈的国际竞争中脱颖而出，实现从“小而美”到“大而强”的跨越，不仅要在提升产品质量的同时加强品牌建设，提高售后服务水平，还要加强本土化运营，赢得更多海外消费者的信任。

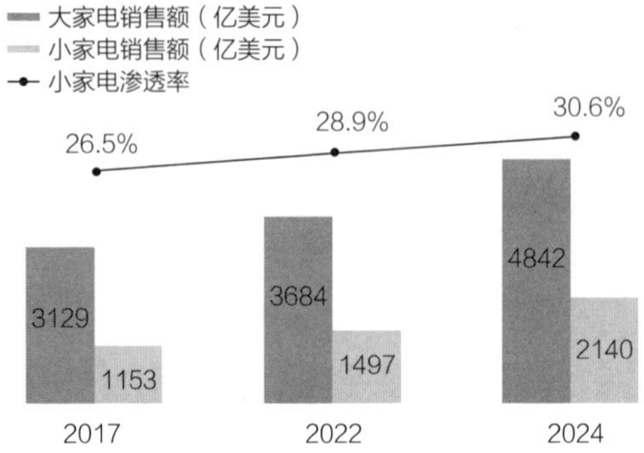

图 6-1　小家电增速示意图

数据来源：鲸纬咨询根据市场公开数据整理。

家电出海新趋势

趋势一：新兴市场潜力巨大，成为增长新引擎

在全球家电市场中，成熟市场如欧美地区，家电行业集中度高、竞争激烈，但新兴市场集中度低，发展空间广阔。根据中国海关总署或相关统计报告，2024 年 1 月至 5 月中国家具及其零件出口额达 2125.5 亿元，同比增长 20.5%，远超全国货物贸易出口增幅平均值。根据阿里巴巴国际站及行业研究报告，2024 年前三季度中国小家电出口总额达 650 亿美元，同比增长 16.5%，在东南亚、中东和南美等新兴市场备受欢迎。像小熊电器自主品牌出海主要集中在东南亚及欧美华人市场，部分国家对其品牌已有一定认知。众多中国家居企业如尚品宅配、居然之家等也加速在新兴市场布局，尚品宅配围绕中东、东南亚、非洲等地区，在多个国家推出了海外品牌 Sunpina；居然之家以柬埔寨金边门店为起点，计划 3~5 年完成对东盟各

国的战略布局。

趋势二：智能化与个性化融合，产品迭代升级加速

全球消费者对生活品质追求提升，对家电智能化、个性化需求增长。根据行业报告，2023 年全球小家电市场规模达 2430 亿美元，预计到 2028 年将达 3050 亿美元。中国小家电企业顺应趋势，加大研发投入，推出创新产品。从空气炸锅到智能家居设备，中国小家电凭借智能化优势在海外市场站稳脚跟。企业通过技术迭代推动行业标准升级，满足了海外消费者对新技术、新功能的需求，提升了产品核心竞争力。在大家电领域，产品也朝着智能化、个性化方向发展，以满足不同消费者的家居场景需求。

趋势三：跨境电商助力品牌出海，营销渠道多元化

跨境电商的兴起为中国家电企业开拓海外市场提供了新机遇。小熊电器过去以贴牌代工为主，现在主要通过自主品牌出海和跨境电商业务拓展海外市场。根据 2024 年 12 月阿里国际站数据显示，小家电出口订单量同比增长 32%，美国、墨西哥、英国等多国订单量增速超整体增速。越来越多的中国家电企业借助跨境电商平台，直接触达海外消费者，降低营销成本，提升品牌知名度。同时，企业还通过参加国际展会、与海外经销商合作等多元化营销渠道，加强品牌建设与推广，提升国际影响力，见图 6–2。

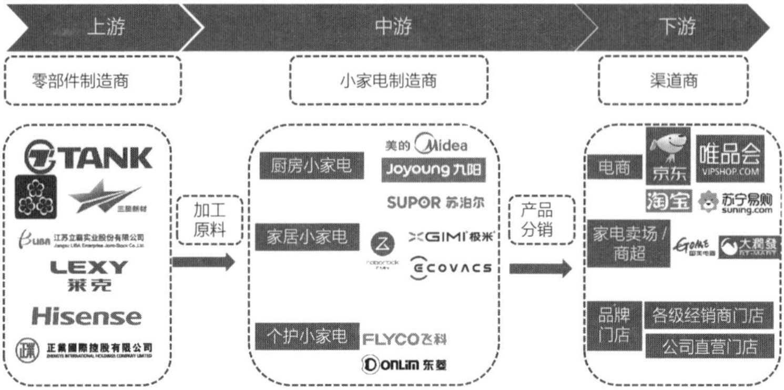

图 6-2　中国小家电产业链生态图谱

数据来源：鲸纬咨询根据前瞻产业研究院数据整理，2024 年年底。

小家电出海的难点在哪里

中国是全球小家电制造强国，依托庞大的本土市场需求和完整的产业链，中国小家电在生产制造方面具有显著优势。然而在跨境品牌运营层面，大多数企业仍然以贴牌代工的业务（即制造出海）为主，真正实现自主品牌出海的企业并不多，品牌化建设仍有较大提升空间。虽然中国小家电具备性价比优势，但许多品牌在海外市场面临“有产品无品牌”的问题，见图 6-3。

品牌建设困境

（1）品牌定位模糊：缺乏清晰的差异化价值主张。

（2）传播效能不足：海外市场认知度与美誉度建设滞后。

（3）文化适配障碍：对当地消费习惯与审美偏好的把握失准。

图 6-3　小家电出海难点

产品创新短板

（1）核心技术缺失：关键零部件和专利技术受制于人。

（2）同质化严重：产品设计缺乏独创性。

（3）智能化不足：物联网等前沿技术应用落后于国际头部品牌。

市场拓展阻力

（1）渠道建设薄弱：本土化分销网络尚未完善。

（2）贸易壁垒：技术标准、环保法规等准入障碍。

（3）地缘风险：政策波动与供应链的不确定性。

当前中国小家电出海正处在从“价格优势”向“价值创新”转型的关键期，突破这些瓶颈需要构建产品力、品牌力、渠道力的协同发展体系。

小家电品牌出海成功的关键产品策略

小家电品牌需要注重产品的质量控制和技术创新，以满足不同国家和地区的消费者需求。晨北科技于 2016 年成立了品牌 Cosori，并于 2018 年推出首款空气炸锅。自上市以来，Cosori 凭借优质的产品和良好的用户口碑，在亚马逊平台的相关品类中长期稳居前列。在西班牙和挪威市场，Cosori 表现尤为突出，获得了较高的市场认可度和份额；在德国、英国及欧洲其他地区，该品牌同样取得了显著的市场进展，未来将持续扩大其影响力和用户基础。

不同国家和地区的消费者对小家电的需求存在显著差异。品牌需要根据当地消费者的使用习惯和文化特点进行产品设计和功能调整。进入欧美市场时，品牌需注重高品质和个性化设计，而在东南亚市场则更需关注价格因素。Cosori 通过与当地关键意见领袖合作并推出地区定制食谱，成功吸引了目标消费者。同时，不同国家和地区对电器产品有不同的认证要求。特别是欧美市场，电器产品必须符合严格的安全标准。例如，进入美国市场的家电产品通常需要具备 UL 认证（Underwriters Laboratories Certification，即“美国保险商实验室认证”）这是美国市场的标配认证之一，消费者对于具有 UL 认证标志的产品具有较高的信任度。UL 认证包括对电器产品安全性的详细检测，特别是在防火安全和电气安全方面，这对出口企业来说是一个不可忽视的合规要求。

品牌出海不仅需要关注产品本身，还需重视品牌建设和市场营销。通过社交媒体平台如 TikTok 进行精准营销，可以有效提升品牌知名度和影响力。在家电市场搏杀的过程中，一个有利于推广的关键词往往能让品牌脱颖而出，我总结了不同品牌最能被消费者记住的核心价值，见表 6–1。

表 6–1　品牌核心价值

公司名称	成功原因
晨北科技	少油健康
卡罗特	高颜值
哈尔斯	智能感
海尔	市场先发优势
美的	性价比
格力	空调核心科技
海信	拥有多项显示技术专利，提升画质体验
TCL	大屏电视
莱克	清洁健康

第二节
案例分享：小家电品牌 HAN RIVER 如何抢占印度尼西亚市场的头把交椅

HAN RIVER 下南洋的故事

逆流而上的觉醒

潮汕平原的韩江水，蜿蜒千年滋养着两岸的商贸血脉。2019 年，当林生站在韩江边将新品牌命名为“HAN RIVER”（韩江）时，他或许未曾想到，这家以故乡母亲河命名的企业，会成为东南亚小家电市场的一条“现象级支流”。彼时的东南亚，正处在消费升级的前夜：雅加达的年轻白领在社交媒体上追逐日韩生活方式，曼谷的公寓里堆满廉价白牌小家电；而马尼拉的商场橱窗中，飞利浦和松下依然占据着不可撼动的神坛地位。

林生曾是跨国品牌的“摆渡人”，代理 SWISSE、A2 等国际大牌的经历让他深谙渠道之道，却也刺痛了他的神经：“我们为何总是替他人作嫁衣？”2019 年的转折点来得恰逢其时——东南亚电商平台 Shopee、Lazada 掀起本土化革命，TikTok 短视频正在重塑消费认知，而疫情的黑天鹅意外加速了数字基建的成熟。当大多数中国卖家还在用“铺货模式”收割流量红利时，HAN RIVER 选择了一条更难的路：带着潮汕商人特有的务实与机变，他们将韩江的基因注入产品——既要像江水般浸润生活的每个角落，又要如潮汐般精准契合市场需求。

破局：在万岛之国织网

印度尼西亚，这个由 17 000 多个岛屿组成的国度，曾是跨境电商的噩梦。雅加达的仓库与巴厘岛的消费者之间，隔着物流的“马六甲海峡”；日惹（印尼中南部城市）的传统市场里，商贩们用现金交易的习惯像珊瑚礁般顽固；更不必说变幻莫测的海关政策，如同赤道的雷暴随时可能倾覆整船货柜。

但 HAN RIVER 看到了裂缝中的光：当日本品牌执着于高端市场的“灯塔效应”时，它们选择用“毛细血管战略”渗透市场。在爪哇岛设立中心仓，在苏门答腊布局分仓，就像在群岛间架起无形的桥——消费者在 TikTok 刷到并下单粉色空气炸锅的瞬间，订单已从最近仓库发出。这种“以空间换时间”的智慧，让配送时效从 7 天压缩至 48 小时，在万岛之国创造出堪比中国长三角的物流体验。

产品的本土化改造更显匠心。当发现印尼主妇偏爱明艳色彩后，研发团队从巴厘岛传统服饰中提取色谱，推出马卡龙色系烤箱。这款定价比日本品牌低 30% 却品质相当的产品，迅速成为社交媒体上的“厨房艺术品”。数据显示，2021 年印尼每卖出 3 台空气炸锅，就有 1 台印着 HAN RIVER 的标识——这不仅是营销的胜利，更是文化共情的奖赏。

暗礁与灯塔：本土化的三重修炼

2021 年的某个深夜，林生在雅加达仓库目睹了魔幻一幕：本该发往泰国的货柜，因为合作方私自转卖竟出现在本地黑市。这场危机暴露了跨境生意的致命软肋——没有本土根系的企业，不过是浮萍。

于是 HAN RIVER 开始构建“铁三角”，见图 6–4。公司在潮汕保留研发核心，将 60% 零部件生产放在中山、顺德产业带；在印尼本土建立组装厂，用 30% 的本地化率规避关税壁垒；而最关键的“神经末梢”——客服、仓储、售后团队，全部启用通晓爪哇方言的本地员工。这种“中国芯，南洋骨”的模式，既保持了供应链效率，又让品牌真正扎根热带土壤。

图 6-4　HAN RIVER 铁三角分工模式

2023 年，印尼市场面临了严峻的政策调整挑战。政府对社交媒体及电商平台的监管趋严，导致依赖流量红利的部分品牌销售受到显著影响。据部分市场观察者和企业反馈，TikTok 等平台的带货业务在短期内遭遇一定程度的波动，交易额出现明显下滑。

面对这一形势，HAN RIVER 及其他领先品牌迅速调整战略，积极布局线下体验店，拓展多元化流量入口，同时与本土 MCN[①] 机构深度合作，打造私域社群，增强用户黏性，还将传统售后热线转型为烹饪指导服务，提升了用户使用体验。据品牌内部数据统计，实施这些应对措施后，部分关键指标出现明显回升，复购率提升了约 20%。当潮水退去，真正的品牌护城河方才显现。

江海交汇处的启示

站在 2024 年的节点回望，HAN RIVER 的南洋征途给出海

① MCN（多频道网络）是一种专注于内容创作者（如网红、博主等）的商业变现和版权管理机构。——编者注

企业三重启示，见图 6–5。

第一，本土化不是战术而是信仰。例如，在泰国，佛教文化中对红色的忌讳较为明显，于是推出了香槟金限定款以更好地贴合当地消费者的文化偏好；在菲律宾，针对该国频繁停电的实际情况，研发出配备储能功能的电热水壶，以确保使用的连续性和便利性。这些细节的累积，让“韩江”真正汇入了东南亚的生活之海。

第二，供应链是生死命脉。当同行还在为印尼海关的“突击检查”焦头烂额时，HAN RIVER 已实现零配件编码与海关系统的无缝对接。其建立的“潮汕—雅加达”双枢纽体系，既能快速响应市场需求，又通过 80% 中国零部件进口保持成本优势。

第三，合规是最高级的商机。面对印尼的认证新规，很多卖家视为绊脚石，HAN RIVER 却将其转化为护城河。它们联合检测机构开发认证预审系统，反而吸引中小卖家付费使用——这恰恰印证了林生的判断：“当市场从蛮荒走向秩序时，规则的制定者才是最大赢家。”

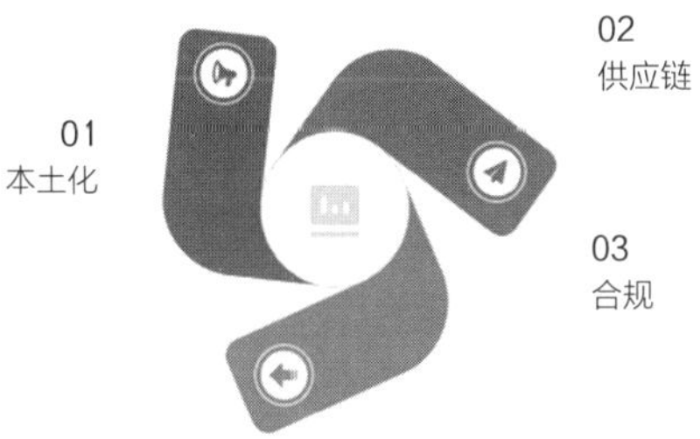

图 6–5　品牌三重启示

潮声未歇

如今的 HAN RIVER 已在东南亚开设多家体验店，其爆款空气炸锅甚至被列入印尼官方认可的礼品名单。更值得关注的是，公司在巴淡岛建立了“创新实验室”，邀请当地消费者参与产品原型调试，工程师根据反馈在短时间内完成产品改进。这种“深植市场、快速响应”的模式，体现了中国制造向中国品牌跃迁的关键路径。

站在马六甲海峡的货轮甲板上，林生经常想起韩江的潮汐。商业的浪潮瞬息万变，但那些深植本土、敬畏规则的品牌，终将在全球化的汪洋中找到属于自己的航道。正如 HAN RIVER 的新形象展现——一台粉色烤箱在爪哇岛的民居中缓缓升腾着热气，象征着这个民族品牌正一步步走进千家万户，跨越地域与文化的界限，连接起生产与生活的纽带。这不仅是地理空间的跨越，更是一个民族品牌走向世界的隐喻，见图 6–6。

图 6–6　东南亚不少中高端商场里已经有了 HAN RIVER 等中国家电品牌的身影

第三节
机遇捕捉：智能家电如何在新兴市场找到增长爆点

智能家电是指集成了先进的微处理器、传感器、网络通信等技术，能够实现自动感知、智能决策和远程控制的家庭电器产品。根据功能与应用领域的不同，智能家电可分为以下几类，见图 6–7。

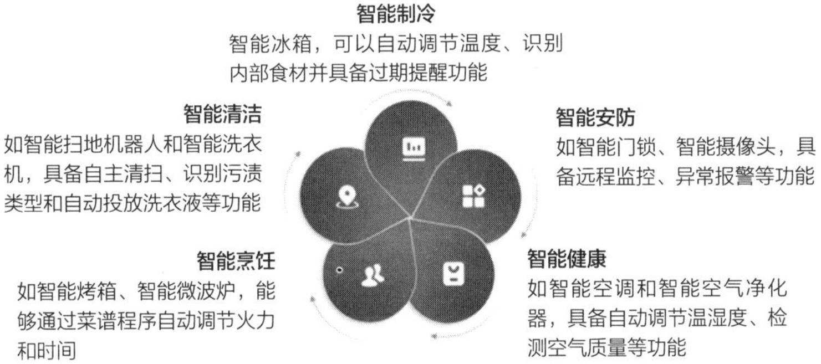

图 6–7　智能家电分类

智能家电行业的发展经历了以下几个重要阶段，见图 6–8。

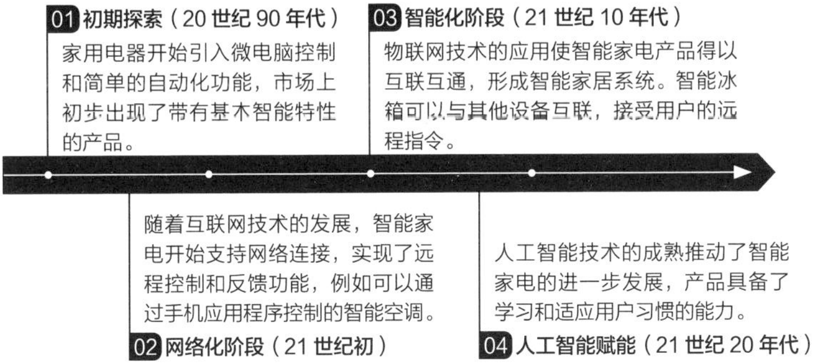

图 6–8　智能家电发展历程

数据来源：鲸纬咨询根据公开资料整理。

合作共赢：如何与当地伙伴构建共生生态

在智能家居领域，企业可以通过组建产品联盟的方式进行合作，联合产业资源，制定统一标准，推动业务的互联互通，整合各方优势，提升整体竞争力。

海尔智家自成立以来，始终致力于成为引领时代的企业，通过不断推出引领市场的新产品，持续创新迭代，把握市场机遇。洗衣机、空调、智慧厨房、洗地机、除草机、擦窗器……中国智能家电出海取得成功，均离不开企业因地制宜的策略，以及在产品、技术等方面的努力。例如，在欧美家庭中，地毯的使用场景会非常多，但是在日韩、东南亚的家庭中，地板的使用场景会多一些。因此，扫地机器人——追觅在配件选择上会有所不同——欧美市场的产品研发会针对性地开发防缠绕的滚刷；而针对亚太市场，产品搭配的则是不容易损伤地板的软绒刷。为了避免“水土不服”的情况，海尔智家也习惯于深入洞察各个国家和地区的不同市场特征，有的放矢地去融入和立足当地市场，在美国实施设计、生产和销售三位一体的本土化战略，在洛杉矶建立了“海尔设计中心”，在纽约建立了“海尔美国贸易中心”等。同时，由于美国市场存在关税、政府的原产地证明、产品原材料环保标准、产品能耗指标、进口配额等限制，且美国消费者倾向于购买“美国生产”的产品。因此，海尔智家在进入美国市场之初便选择了在美国建立生产基地，回避进口限制，迎合美国消费者的心理。

除了因地制宜的本土化策略，产品技术实力也是中国智能家电在海外赢得市场的关键。

尼日利亚属于热带草原气候区，常年高温多雨，年均气温大约在26~27摄氏度，湿度较大，因此空调的使用需求较为旺盛。然而，电力供应短缺是制约该国发展的主要挑战之一，平均每日的供电时间有限。针对这一痛点，海尔智家创新推出了配备发电机的空调产品——GenPAL发电机空调，帮助用户在停电时仍能正常使用空调。得益于此类创新产品的推出，海尔在非洲等电力不稳地区的空调业务表现稳健，市场份额持续增长。

在日本，由于住房面积普遍较小，消费者对家电的体积要求较高。海尔针对这一需求，研发出小巧而容量不减的滚筒洗衣机，实现了在保持12公斤大容量的同时，显著缩小了产品体积。这款产品帮助海尔在日本市场实现了良好的销售表现，逆势保持增长。依靠这款产品，近年来，在行业销售量整体下降的情况下，海尔智家许多海外市场依然实现了逆势增长。

得益于企业在全球化发展过程中，对"中国品牌走向全球"战略目标的重视，中国品牌影响力在海外市场持续提升。以海尔智家为例，在出海之初就提出了"出口创牌，而不是出口创汇"的理念。因此海尔采取"先难后易"的策略，先进入欧美等发达国家和地区，获得市场地位后，再进入发展中国家，并把使用海尔品牌作为出口的首要前提条件。一系列"创牌"策略，带动海尔品牌在海外市场的知名度不断提升。

此外，欧派家居在海外市场也表现突出，其根据行业报告，其海外渠道营收达到4.3亿元人民币，同比增长34.42%。这表明通过品牌和渠道的双重布局，欧派家居成功打开了国外市场。尚品宅配通过技术创新、市场运营以及对当地法律法规的熟悉，实现出海长红。其在海外市场的布局显示了中国家居企业在复杂环境下的适应能力和创新能力。

家电出海的挑战与应对

智能家电采用人工智能、物联网等先进技术，为用户带来安全、便捷的家居体验。全球高科技用户的需求不断增长，推动了智能家电市场的扩展。此外，随着城市化进程的推进，人们搬进更小的空间，对多功能设备的需求增加，这进一步促进了智能家电的发展。

新兴市场如东南亚、拉美和中东地区正迅速成为智能家电的新蓝海。随着经济的快速发展和人均收入的持续提升，新兴市场正逐渐成为中国家电出口的重要目标市场。以拉美和非洲市场为例，2024 年前三季度中国家电出口表现强劲。中国对拉美市场的家电出口额达到约 96.7 亿美元，同比增长约 33.5%；对非洲市场的出口额约为 42.3 亿美元，同比增长约 14%。这一增长反映了中国家电品牌在新兴市场的不断拓展及消费者需求的持续提升。这些地区经济快速增长，人口基数庞大，新的消费需求不断催生市场新机遇。东南亚市场凭借其得天独厚的地理条件和巨大的发展潜力，已成为中国企业海外拓展的重要目标。

家电出海的未来趋势

未来全球化布局加速，新兴市场成为重点

东南亚、中东、非洲、拉美等地区，随着人口增长、消费

升级和基础设施的完善，其对性价比高、功能实用的家电需求激增，成为中国企业出海的核心目标。

针对欧美高端市场，中国企业通过并购本土品牌（如海尔收购通用电器家电品牌）、建立本土化研发中心，逐步打破高端市场壁垒，提升了品牌溢价能力。

深化本地化策略

针对不同地区需求调整功能（如印度市场的防潮设计、中东的高温适应性等），企业始终要通过区域化功能适配，来提升产品的可靠性和市场竞争力。此外，还要针对不同市场的文化特性优化产品设计，例如在中东市场推出符合伊斯兰文化的家电设计，或针对日本小户型开发紧凑型产品。同时通过在海外建厂（如在墨西哥建厂辐射美洲市场），降低关税成本并缩短交付周期，实现快速响应需求与合规性平衡。

绿色转型提升竞争力

在全球化竞争中，企业需同步应对政策合规与 ESG（环境、社会、治理）趋势的双重驱动。一方面，欧盟碳关税（CBAM）和能效标签等法规倒逼技术升级（如以热泵替代传统加热设备，采用可再生材料）；另一方面，通过光伏家电、模块化可维修设计等循环经济实践，既能满足海外市场 ESG 投资要求，又能强化绿色品牌形象，实现合规降本与长期竞争力的协同提升。

渠道多元化与数字化转型

企业需采取全渠道协同策略，在加速线上渗透的同时强化线下体验。一方面，借助亚马逊、TikTok 商店等全球电商平台快速拓展市场，并结合本土化线下触点（如海尔在巴基斯坦的社区体验店）提升用户信任；另一方面，通过 D2C（直接面向消费者）模式自建独立网站，既减少中间环节成本，又能沉淀用户数据反哺产品迭代，实现精准营销与渠道效率的最大化。

智能家电的发展不仅提升了用户体验，还推动了行业的创新与进步。首先，AI 技术的深度融入使得从“单品智能”向“全屋智能”的转变成为可能，通过学习用户习惯，家电能够主动提供服务，例如空调预启动、冰箱根据库存推荐菜谱等。此外，多设备协同工作也变得更加流畅，借助统一的协议标准，不同品牌的设备可以实现跨品类联动，比如扫地机器人触发空气净化器的工作。其次，交互方式也在革新，UWB（超宽带）技术实现了精准定位，使得家电可以根据用户位置自动响应，比如人离开房间后自动关灯；同时，语音、手势和图像识别的结合（如 AR 冰箱屏显食材管理）降低了操作门槛，让操作更加便捷。健康与安全功能得到了升级，智能马桶可以检测生理指标，空调监测空气质量并联动新风系统，AI 还能识别异常用电情况，预防火灾，并在漏水时自动关闭阀门。关于可持续性方面，家电接入家庭微电网，在电价低谷时运行以节省能源，而 OTA（远程升级）则通过软件更新延长产品寿命。最后，数据驱动的服务模式正在兴起，净水器按滤芯使用量收费、咖啡机绑定咖啡胶囊订阅等方式逐渐普及，同时通过传感器数据预测故障并提供主动维修服务，进一步提升了用户的满意度和忠诚度。这些趋势共同描绘了一个更加智能化、高效化和人性化的未来家居图景。

总体来看，小家电出海新兴市场的机会，本质上是对“需求跃迁”与“基建代差”的精准捕捉，本质上是一场消费代际跃迁中的“微场景革命”，新兴市场正经历“工业化未完成，数字化已爆发”的独特消费升级路径。

基于以上变革，我们可以从以下几个方面进行思考与布局。

- **“厨房平权”浪潮。**印度家庭结构小型化，催生 1~2 人用的迷你电饭煲、空气炸锅销量暴涨；印尼中产女性将电动打蛋器视为“烘焙社交货币”，在照片墙平台晒自制甜点成为身份标签。
- **“健康焦虑红利”。**东南亚雾霾季推动千元级国产空气净化器，成为热销品，中东糖尿病高发区脱糖电饭煲年增速超 300%；非洲太阳能灭蚊灯替代传统蚊帐，兼具“科技感”与“生存刚需”。
- **“懒人经济 2.0”。**巴西贫民窟青年分期购买扫地机器人，视其为“数字中产通行证”；越南 Z 世代用百元美发棒模仿韩流造型，催生跨境电商平台“轻奢小美电”赛道。

新兴市场不是低端倾销地，而是“需求创新实验室”。成功者需同时扮演三种角色：社会学家（解码文化密码）、极客（硬件快速迭代）、游击队长（在碎片化市场中建立局部优势）。谁能用扫地机器人在里约贫民窟里画出增长曲线，用美妆冰箱撬动雅加达的颜值经济，谁就能在“新大陆”建立品牌优势。

第七章
科技创新，全球瞩目

在历史的长河中，科技进步的脚步从未停歇。第一次工业革命始于18世纪的英国，以蒸汽机的广泛应用为标志，实现了机器化大生产，促使工业生产从手工劳动向机械化转变，极大地提高了生产效率，推动了城市化进程。此后，第二次工业革命以电力的广泛应用、内燃机的创制和使用为主要标志，使人类进入“电气时代”，进一步促进了生产力的发展和社会结构的变化。20世纪中叶以来的第三次科技革命，以原子能、电子计算机、空间技术和生物工程的发明和应用为主要标志，涉及信息技术、新能源技术、新材料技术、生物技术、空间技术和海洋技术等诸多领域，使人类社会的生产生活方式发生了深刻变革。

而中国古代在天文历法、数学、农业水利工程、医学等方面均取得辉煌成就；还有造纸术、印刷术、火药、指南针四大发明都曾领先世界，推动了人类文明的发展。

中华人民共和国成立后，尤其是改革开放以来，中国科技事业迎来了蓬勃发展的春天，在诸多领域取得了举世瞩目的成就，并逐渐在国际舞台上崭露头角，其中中国企业的技术出海更是成为一道亮丽的风景线。中国企业技术出海不仅是中国科技实力的展示，更是中国智慧和创新精神的全球传播。

第一节
痛点破解：如何把“硬科技”变成“软需求”

新技术如何赢得海外用户

在科技创新全球瞩目的当下，中国新技术出海面临着诸多挑战，其中海外客户的顾虑成为阻碍其推广的关键因素。深入剖析这些顾虑，对于推动中国新技术在国际市场的落地与发展至关重要。

中国品牌影响力不够

在国际市场中，品牌影响力是消费者选择产品和技术的重要考量因素。长期以来，部分西方品牌在科技领域占据主导地位，在消费者心中树立了牢固的品牌形象。相比之下，许多中国科技品牌在海外的知名度和认可度相对较低。

以智能手机市场为例，尽管中国品牌在技术和性能上已达到甚至超越部分国际品牌，但在欧美等成熟市场，苹果和三星等品牌依旧占据着大量市场份额。一些消费者在购买手机时，会下意识地选择这些知名度高的品牌，而对中国品牌持观望态度。这背后的原因，一方面是西方品牌长期的市场耕耘和大量的营销投入，另一方面是部分中国品牌在国际市场的品牌建设和推广力度不足。

为提升品牌影响力，中国企业需要加大在国际市场的营销投入，制定精准的品牌推广策略。企业可以通过赞助国际体育赛事、参与国际科技展会、与国际知名品牌合作等方式，提高品牌的国际曝光度。同时，中国企业还要注重品牌故事的讲述，传递中国品牌的创新精神和品质理念，逐渐改变海外消费者对中国品牌的认知。

担心数据泄露风险

随着数字化时代的到来，数据安全成为全球关注的焦点。海外客户在采用中国新技术时，往往对数据泄露风险存在担忧。这一顾虑源于近年来一些数据安全事件的曝光，以及不同国家和地区在数据隐私保护法规上的差异。

例如，TikTok 在全球取得了广泛成功，但在美国却因数据隐私和内容合规问题受到严格审查。西方国家尤其关注数据隐私，欧洲的《通用数据保护条例》（GDPR）是全球最严格的隐私保护法规之一。因违反其规定的全球企业，已累计缴纳了超过 10 亿欧元的罚款，这给跨国互联网企业提出了严苛的合规要求。再比如，谷歌公司在进入欧洲市场时，因其数据隐私政策未满足《通用数据保护条例》的要求而被处以 5000 万欧元的罚款，反映出跨国企业在文化和法规适应上的难度。

在云计算领域，一些国外企业对使用中国云服务提供商的服务心存疑虑，担心其数据会被不当获取或使用。尽管中国的云服务企业在数据安全技术和管理方面不断增加投入，具备了先进的数据加密、访问控制等技术手段，但由于缺乏足够的国际信任背书，仍然难以消除部分海外客户的担忧。

要解决这一问题，中国企业需要严格遵守国际数据隐私保护法规，建立完善的数据安全管理体系，通过国际权威机构的数据安全认证，向海外客户展示其在数据安全方面的能力和决心。同时，中国企业要加强与海外客户的沟通，数据处理流程透明化，让客户清晰了解数据的存储、使用和保护情况，增强客户对数据安全的信心。

担心技术依赖性过大而失去自主权

对于海外客户，尤其是一些大型企业和政府机构，技术的自主性和可控性至关重要。它们担心过度依赖中国新技术，会在未来的发展中失去技术选择的主动权，甚至面临技术被“卡脖子”的风险。

在通信设备领域，部分国家对中国 5G 技术的推广设置障碍，声称担心技术依赖性过大可能导致国家安全问题。这种担忧背后，既有政治因素的影响，又反映出客户对技术自主性的重视。尽管中国 5G 技术在全球处于领先地位，且能够为当地带来巨大的经济和社会效益，但由于客户对技术依赖的担忧，使得 5G 技术的海外推广面临阻力。

为化解这一顾虑，中国企业在推广新技术时，应强调技术的开放性和兼容性，提供多样化的技术解决方案，让客户能够根据自身需求进行灵活选择。同时，加强与海外客户的技术合作研发，共同推动技术的发展和创新，使客户深度参与到技术的应用和改进过程中，增强其对技术的掌控感。

技术适配性问题

不同国家和地区由于经济发展水平、文化背景、基础设施等方面的差异，其技术生态、算法应用场景等也存在显著不同。中国的新技术在出海过程中，可能会面临与当地实际情况不匹配的问题。

例如，一些面向中国市场开发的移动支付应用，在推广到一些东南亚国家时，发现当地的网络基础设施不够完善，部分地区移动信号覆盖不足，导致移动支付的便捷性无法充分体现。此外，不同国家的消费习惯和金融监管政策也对移动支付的推广造成了一定的阻碍。

针对技术适配性问题，中国企业在出海前需要进行充分的市场调研，深入了解目标市场的技术生态、文化特点和政策法规。根据当地实际情况，对技术进行针对性地优化和调整，开发适合当地市场的应用场景和功能。与当地的合作伙伴紧密合作，利用其对本地市场的熟悉度，共同推动新技术的本地化应用。

中国新技术要让外国人接受，需要全方位地应对海外客户的种种顾虑。通过提升品牌影响力、保障数据安全、增强技术自主性和解决技术适配性问题，逐步消除海外客户的疑虑，让中国新技术在国际市场绽放光彩，推动全球科技创新的共同发展。

技术出海如何转化为真金白银

许多企业都提到过这个问题，技术出海很难转化为真金白银，周期比较强。针对这个问题，笔者总结了四种策略，帮助企业实现技术变现。

提前申请专利，避免损失

在全球化竞争日益激烈的今天，知识产权保护显得尤为重要。对于科技企业而言，研发成果的专利保护不仅是防止技术被盗用的有效手段，还是进入国际市场的一张重要的“通行证”。例如，华为公司在其发展过程中就高度重视专利申请，截至2024年，华为已在全球范围内拥有超过 10 万项有效专利。这不仅帮助华为在全球市场上建立了强有力的技术壁垒，还为其带来了可观的专利授权收入。因此，企业在进行技术研发的同时，应尽早考虑在目标市场申请相应的专利保护，确保自身权益不受到损害。

具体解决方案可以参见图 7-1。

01
加强知识产权管理
建立从研发到销售的全流程知识产权管理制度
利用保险机制，帮助企业降低因侵权指控或诉讼损失

02
研究目标国法律法规
充分调研出海目标国的知识产权法规和执法司法环境，将其作为投资和运营评估的重要考虑因素

03
预先做好竞争对手调研
了解出海目标国竞争对手及其知识产权布局情况，建立相应的知识产权预警响应机制和风险管理模式

04
加紧知识产权海外布局
产品在策划阶段，最迟在进入市场前，启动知识产权申请，防范知识产权被抢注

05
提前做好风险排查
在产品进入海外目标市场或参加海外展会前，做好专利风险分析等前端检索和排查，排除潜在的知识产权风险

06
采用多元化应诉策略
面对侵权指控，组织内部法务迅速整理案件脉络，外部聘请擅长当地法律的知名律师，内外协同深入研究对方诉求、证据，制定严谨的应诉、抗辩、谈判方案

图 7-1　知识产权保护方案

以中国市场或人口基数较大的市场为原型开发技术，确认可行再迁移到其他市场

中国的庞大市场规模为企业提供了得天独厚的“试验田”。许多成功的科技公司都是首先在中国市场验证了其商业模式和技术方案的可行性后，才将其推广至全球。比如，北京字节跳动科技有限公司（以下简称字节跳动）旗下的抖音短视频应用，在

国内市场积累了丰富的运营经验和用户基础后，推出了国际版TikTok，并迅速在全球范围内获得巨大成功。这一案例充分说明了利用本土市场优势进行产品迭代优化的重要性。企业应充分利用本国市场的特点和资源优势，打造具有竞争力的产品或服务，然后再根据海外市场的具体需求进行适当调整，实现顺利出海。

提前咨询，降低技术出海的合规成本、法律成本、时间成本、跨文化成本

举例来看，宁德时代新能源科技股份有限公司（以下简称宁德时代）在欧洲建立电池工厂不仅需要满足欧洲严格的环保法规，还要在供应链中达到欧盟的碳中和标准。这些法规要求中国企业在环保管理和供应链本地化方面投入大量资源，导致合规成本显著增加。

美国电动车及能源公司特斯拉在德国柏林建立的超级工厂，必须满足欧洲的环保要求并通过数百项环保测试，这使得工厂的建设和运营成本显著提高。据统计，特斯拉为满足德国当地的环保标准，追加了超过1亿欧元的预算，工厂建设的审批时间也被拉长。

技术出海并非易事，除了要面对复杂多变的国际市场环境外，还需要克服诸多非技术性障碍。为了减少这些障碍带来的不利影响，企业应当积极寻求专业机构的帮助，做好前期准备工作。例如，在进入欧盟市场之前，企业可以聘请熟悉当地法律法规的专业团队进行全面评估，确保产品符合目标市场的相关规定；同时也要注意不同国家和地区之间的文化差异，制定相应的市场营销策略。通过这种方式，出海企业不仅可以降低因不了解当地法规而导致的风险，还能提高工作效率，缩短项目周期，节省不必要的开支。

总结一下，技术出海降低合规难度工具库有以下几种。

- **发挥咨询机构、律师事务所、税务服务机构、国际商事仲裁机构的作用。**为中小企业提供合同审查、合法合规咨询、争议解决策略、税务影响分析与税务筹划、跨境诉讼与仲裁代理等海外权益保护服务。
- **鼓励知识产权服务机构提供服务。**为企业提供知识产权风险评估、国际商标注册代理、海外知识产权侵权应对指导等服务。
- **建立完善涉外应急服务通道。**提升企业海外纠纷应对效率，建立联动协作的信息沟通机制，持续健全完善海外维权援助体系。

巧用金融工具

资金链的安全稳定是企业持续发展的关键因素之一。尤其对于计划拓展海外业务的企业来说，合理运用各类金融工具显得尤为重要。一方面，企业可以通过股权融资、债券发行等方式筹集所需资金；另一方面，还可以借助出口信用保险等风险管理工具，来规避因汇率波动、政治风险等因素可能给企业造成的经济损失。此外，随着金融科技的发展，一些新兴的支付结算方式也为跨境贸易提供了更加便捷、高效的解决方案。如蚂蚁金服推出的支付宝国际版，极大地简化了跨境电商交易流程，提升了用户体验。

总之，中国企业要想在科技出海方面取得成功，必须从战略层面高度重视上述几方面的准备工作。只有这样，企业才能真正实现将国内的研发投入转化为国际市场上的实际收益，推动企业向更高层次迈进。

第二节 案例分享："非洲之王"二次上市，传音如何在中东、非洲等市场大放异彩

传音在中东市场的布局历史

早在 2015 年，深圳传音控股股份有限公司（以下简称传音）就开始进入中东等新兴市场。但在初期，传音在中东市场的份额相对较小，仍处于市场开拓与品牌认知建立的阶段。后来凭借在非洲市场积累的成功经验，传音将业务逐步延伸至中东地区，市场份额不断提升。

2022 年，传音在非洲和中东市场的份额保持稳定，根据统计数据，非洲市场份额长期位居前列，约占 30%~40%。2023 年，传音在中东地区表现出显著的增长势头，特别是在沙特市场，据部分行业报告显示，传音市场份额有望突破 20%，并快速成为中东智能手机市场的重要竞争者，仅次于三星手机。根据部分市场研究机构的估计，2023 年第四季度传音在中东和非洲地区的市场份额有所提升，全年份额预计达到 30% 以上。

根据市场调研数据，2024 年第一季度，中东地区（不含土耳其）智能手机市场总体出货量约为 1220 万部，同比增长约 39%。传音旗下品牌表现强劲，出货量达到约 270 万部，同比

激增近两倍，市场份额跃升至约 22%，位居第二。传音的快速增长主要得益于其 infinix 系列在该地区的迅速扩张和本地化策略的成功实施。

进入 2024 年第二季度，中东智能手机市场出货量约为 1150 万部，同比增长 20%。传音出货量约为 180 万部，市场份额约为 16%，同比保持稳健增长，继续巩固其在中东市场的重要地位。

那么，是什么造就了这样的传音呢？

本地化策略

1. 产品本地化

- **多卡槽与超长待机设计。**中东地区部分消费者由于工作、生活等需求，可能需要使用多张手机卡，传音推出的多卡槽手机，满足了他们可以同时使用不同运营商的卡，确保在不同地区都能有良好的信号接收，无须频繁更换手机卡或手机设备。此外，考虑到中东地区一些地方可能存在充电不便的情况，或者消费者在外出旅行、工作等场景中对手机续航的高要求，传音设计了超长待机的手机，减少了用户频繁充电的麻烦，保障了手机的持续使用。
- **多肤色影像技术。**传音旗下 TECNO 品牌高度重视针对中东市场的本地化影像技术研发。据悉，TECNO 在多肤色影像处理方面投入了大量资源，致力于优化手机摄像头对不同肤色的表现效果，以更精准地满足中东消费者的多样化需求。为此，TECNO 通过广泛采集和分析当地肤色数据，不断丰富和调整其多肤色色卡及成像算法，力求打造更真实细腻的移动成像体验。

相关技术有望在未来逐步推广至更多中东国家，提升用户个性化影像需求的满足度。

- **功能适配与优化。**针对中东地区消费者对娱乐和社交的需求，传音在手机中预装了当地流行的社交媒体应用和娱乐软件，并对其进行优化，确保在传音手机上能够流畅运行，提升了用户的使用体验。

2\. 营销本地化

- **与当地零售商合作。**传音积极拓展中东市场，与该地区最大的零售连锁之一露露大卖场（Lulu Hypermarkets）建立了合作关系，借助其广泛的销售网络提升产品的市场覆盖率。特别是在外籍人口较多的沙特阿拉伯等市场，这种合作有助于提高产品的铺货率和销量。此外，传音还与阿联酋的知名电子产品零售商易麦可斯（Emax）等建立了合作渠道，进一步推动销售网络的扩展。

- **节日促销活动。**在中东地区的重要节日，如开斋节、宰牲节等期间，传音会开展针对性的促销活动，推出优惠套餐、打折销售、赠送礼品等，吸引消费者购买。例如，据部分报道，在土耳其三八妇女节期间，传音推出了一系列促销和互动活动，包括在部分实体店向女性发放红色玫瑰，向女性力量和爱献礼，并启动了 #Don't Stop Loving（爱不止息）线上活动。此外，在阿联酋的国庆节等节日，传音也会推出特别的促销活动和限量版手机。

- **本地化广告宣传。**传音根据中东地区的文化和消费者喜好，制作本地化的广告内容。在广告中融入当地的元素，如使用当地的明星、地标建筑等，增强广告的吸引力和认同感。例如，邀请中东地区知名的影视明星代言，在当地电视台和网络平台上投放广告，提高品牌的知名度和影响力。

高端化策略

- **AI 技术应用。**传音在中东市场的部分手机中应用了 AI 技术，如实时通话翻译、视频字幕生成等功能，满足了中东地区消费者在多语言交流和内容消费等方面的需求。此外，AI 技术还应用于手机的影像处理、性能优化等方面，提升了手机的整体使用体验。
- **折叠屏技术创新。**传音旗下品牌 TECNO 发布了三折叠屏概念手机，引发业界广泛热议，展示了其在折叠屏技术领域的实力，为未来折叠屏手机的发展提供了重要的技术参考，同时也提升了品牌在高端市场的形象。
- **战略化合作探索更多应用场景。**传音控股与联发科技合作，成立了一家专注于人工智能的联合实验室，聚焦于大语言模型、智能体、AI 语音和影像等领域，共同探索面向大众的 AI 智能体服务和手机端应用场景，为用户带来新一代 AI 智能手机，推动了高端化发展。

多元化业务布局

传音构建了从高端的 Infinix 品牌到性价比极高的 TECNO 和 itel 品牌的矩阵。Infinix 品牌针对中东地区追求高品质和时尚外观的中高端消费者，推出具备高端配置、时尚外观设计和先进功能的智能手机；TECNO 品牌在 150 美元段位的智能手机市场中表现出色，以高性价比赢得了众多消费者的青睐；itel 品牌主打入门级市场，为预算有限的消费者提供价格亲民、功能实用的手机。

- **拓展数码配件业务。**传音旗下的数码配件品牌 oraimo 在中东市场也有一定的布局。其产品包括手机充电器、耳机、移动电源、手机壳等。针对中东地区消费者对品质和外观的要求，oraimo 推出了多种款式和功能的配件，例如快充充电器、降噪耳机等，满足了消费者在使用手机过程中的多样化需求，同时也提升了品牌的附加值和用户黏性。

- **发展家用电器业务。**传音创立的家用电器品牌 Syinix 在中东地区也逐渐崭露头角。该品牌涵盖了冰箱、洗衣机、空调、电视等多种家电产品。中东地区城市化程度高，经济相对发达，对家电的需求较大，Syinix 通过本地化的产品设计和营销策略，推出适合当地家庭使用的家电产品，例如大容量冰箱、节能空调等，以满足中东消费者对品质生活的追求。

- **布局移动互联网业务。**传音在中东积极布局移动互联网业务，与网易、腾讯等多家国内领先的互联网公司合作，在音乐、综合内容分发、新闻聚合及其他应用领域进行出海战略合作，开发和孵化了适合当地用户的移动互联网产品，例如具备阿拉伯语界面和本地化内容的音乐及新闻应用等，为用户提供了更加丰富的数字内容和服务，进一步增强了用户对传音品牌的依赖和忠诚度。

高效的渠道建设

- **与当地合作。**传音与中东地区的运营商、经销商建立紧密的合作关系，如与沙特阿拉伯的 STC、阿联酋的 Etisalat 等运营商合作，借助它们的渠道和资源，快速将产品推向市场，确保销售渠道的畅通无阻。同时，传音与运营商合作推出定制化的手机套餐和服务，吸引消费者购买。例如，与 STC 合作推出了包含免费通话时长、流量套餐和手机设备的优惠套餐，提高了产品的竞争力。

- **渠道下沉。**传音在中东地区积极拓展销售渠道，不仅在大城市设立销售点，还注重在中小城市和农村地区进行下沉渠道的营销。通过与当地的零售商和经销商合作，传音在中小城市和农村地区开设专卖店和授权销售点，提高了产品的市场覆盖率。例如，在埃及的一些中小城市，传音通过与当地的零售商合作，开设了多家 TECNO 和 itel 品牌的专卖店，方便了当地消费者购买。

第三节
机遇捕捉：5G、AI 与新兴科技浪潮背后，如何找到你的商机

AI 助力中国企业出海案例如表 7-1 所示。

表 7-1　AI 助力企业出海案例

品牌	AI 应用
希音	趋势预测、供应链管理、个性化推荐
TikTok	内容推荐、内容审核、本地化运营
蚂蚁集团	智能风控、跨境支付优化
海尔	智能生产调度、质量检测
米哈游	语音合成与翻译、玩家行为分析
万兴科技	多模态生成、本地化适配

续表

品牌	AI 应用
米奥兰特	智能客户匹配、AR 互动体验
联影医疗	智能影像分析、本地化认证
金融壹账通	本土化策略、合规突破

2023 年春天，在巴塞罗那世界移动通信大会上，一位中国工程师的演示引发轰动。他手持联影医疗的便携 CT 机，在 AI 辅助下仅用 3 分钟就完成对假人的全身扫描，病灶定位精度达到 0.1 毫米。这个瞬间，不仅标志着中国医疗设备首次敲开欧洲顶级医院的大门，更揭示了新技术革命中暗藏的黄金航道。

在深圳宝安机场的货运区，每天有超过 200 吨印着“SHEIN”（希音）标志的包裹飞往全球。这个快时尚巨头的地下“神经中枢”里，2000 台 AI 服务器正实时分析纽约、伦敦、迪拜的社交媒体热词。当东京涩谷少女在照片墙晒出镶钻美甲，72 小时后，同款装饰的卫衣已出现在马德里街头店铺——AI 驱动的柔性供应链，正在重塑“中国制造”的全球响应速度。

这样的变革故事正在各个领域上演。在上海米哈游的录音棚里，AI 语音引擎同时生成 12 种语言的游戏角色配音，让《原神》在沙特玩家群中引发现象级传播；青岛海尔产业园的智能生产线上，视觉检测系统以 0.02 秒的速度扫描冰箱门板，其精准度让德国工程师摘下眼镜反复确认；杭州蚂蚁集团的服务器集群，每秒处理 30 万笔跨境支付业务，AI 风控模型在尼日利亚成功拦截新型电信诈骗，保护了百万用户的数字钱包。

在雅加达的数码市场，万兴科技的 AI 视频工具让本地网红轻松制作 4K 宣传片；在开普敦的创业孵化器，金融壹账通的合规模型正帮助中小企业跨越跨境金融门槛；就连撒哈拉边缘的医疗站，联影医疗的 AI 影像系统也能通过卫星信号获得北京三甲医院的远程诊断支持。这些场景印证着一个真理：新技术商机的本质，是用数字工具解决人类共同的需求痛点。

这些先行者揭示的不仅是技术突破，更是一套新商业逻辑：当 5G 网络在非洲草原铺开，当 AI 算力在东南亚云平台落地，那些深谙“技术嫁接”的企业，正在将中国积累的数字能力转化为全球解决方案。

站在 2024 年的技术临界点，那些真正理解“5G 不是网速，而是新协作方式；AI 不是算法，而是认知革命”的航海家，正在将中国积累的数字势能转化为全球服务动能（图 7–2）。就像 16 世纪的香料船队需要星图指引，今天的出海者更需要掌握“技术—需求—文化”的三维坐标，用 AI 重构中国企业出海的六面体（图 7–3），在虚实交融的新大陆寻找属于自己的应许之地。

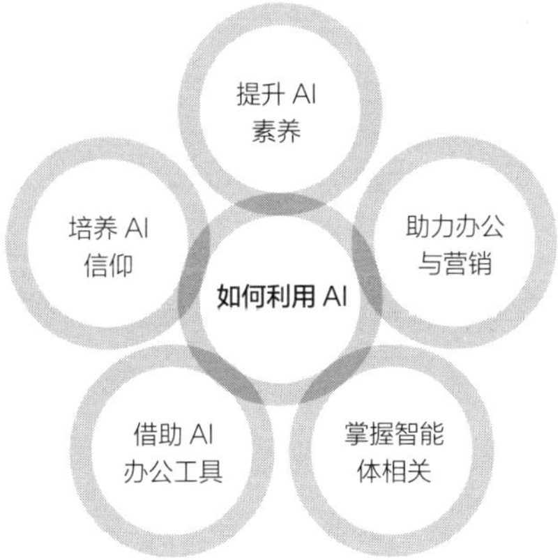

图 7–2　出海人的 AI 素养

图 7-3　用 AI 重构中国企业出海的六面体

第八章
新能源，驶向未来

在全球碳中和浪潮与能源安全焦虑的双重驱动下，新能源产业正以前所未有的速度重塑全球能源版图。中国凭借全产业链优势、规模化制造能力和技术迭代效率，成为这一变革的核心推动者。从欧洲严苛的碳排放法规到东南亚激进的电动化补贴，从南美资源国的锂矿争夺到中东产油国的绿色转型雄心，全球市场对中国新能源产品的需求已从“替代选项”升级为“战略刚需”。新能源汽车、锂电池、光伏组件组成的“新三样”，不仅承载着中国制造业弯道超车的期望，更成为破解全球能源困局的关键拼图。

这场出海远征正呈现立体化突破态势：在空间维度，欧洲高端市场验证品牌价值，东南亚“近岸制造”重构区域供应链，中东资本联姻打开地缘新通道；在产业维度，“整车 + 核心部件 + 补能生态”的全链条输出模式日渐成熟，宁德时代匈牙利超级工厂、比亚迪泰国生产基地等标杆项目，昭示着从“产品贸易”到“产业扎根”的质变。当特斯拉遭遇本土化瓶颈、日韩电池受制于矿产桎梏时，中国军团正以“技术 + 产能 + 基建”的三位一体攻势，在全球新能源版图上刻下新的坐标。

第一节
痛点破解：新能源汽车如何突破国际市场准入壁垒

从新能源技术来看，以太阳能和风能为代表的新能源发电技术不断成熟，新能源汽车技术蓬勃发展，减少了对传统化石能源的依赖，降低了碳排放。根据海关总署的数据，2024 年前三季度，中国新能源汽车、锂电池和光伏产品出口总额为 7578.3 亿元，2024 年度，我国新能源汽车出口量实现了质的飞跃，首次跨越 200 万辆大关，这一里程碑式的成就不仅标志着中国新能源汽车产业的蓬勃发展，还预示着中国汽车品牌在全球舞台上影响力的显著提升。

回顾过往，新能源汽车在中国汽车出口总量中的占比从 2021 年的微不足道，到如今独占鳌头，这一转变不仅见证了自主品牌的崛起，也助力中国连续超越韩国、德国及日本等汽车强国，一举成为全球最大的汽车出口国。新能源，这一关键词已成为中国汽车在国际市场上的闪亮名片。

与此同时，新能源汽车的迅猛增长，也为中国车企赢得了前所未有的主动权，使得中国汽车品牌在全球竞争中占据更加有利的地位。根据乘联会最新发布的数据，在新能源汽车出口方面，2024 年 1 月至 11 月期间，比利时（24.23 万辆）、巴西（14.99 万辆）、英国（11.20 万辆）、泰国（10.59 万辆）、菲律宾（10.57 万辆）位列前五，显示出中国新能源汽车在欧洲和东南亚市场的强劲需求。此外，中国光伏晶硅制造产能占据全球主导地位，80% 以上产能来自中国。

新能源汽车出海的五大趋势

趋势一：以欧洲和东南亚为主要出海市场

新能源汽车出口量逐年上升，已成为汽车出海新主力。中国新能源汽车产业在科技创新引领下实现高速发展，近年来，中国已经成为全球最大的新能源汽车生产和出口国之一。

从出海目的地来看，西欧和东南亚为核心出口市场，北欧、南欧渗透率相对较低。受环保意识影响，欧洲新能源汽车需求较多，但北欧与西欧新能源工业体系较为落后，产能不足，较依赖进口，为我国打开欧洲市场创造了机会。其中，比利时、英国、斯洛文尼亚、法国成为热门目的地。东南亚市场空间则更为广阔，一方面，政府出台大量政策实现新能源转型，刺激电动车消费并吸引外国厂家投资；另一方面，东南亚拥有丰富的动力电池及原材料厂商所需的矿产资源，有利于新能源汽车产业链发展，2023 年泰国成为进口中国新能源汽车数量最高的国家之一。此外，以巴西为代表的拉美地区在当地政策的支持下也正在成为中国新能源车出海的重要目的地。2024 年 1—10 月，中国对拉美市场的出口量同比增长了 266.8%，显示出巨大的发展潜力。但拉美地区充电桩等基础设施建设相对落后，巴西等国对进口车辆要求也较高，新能源汽车出海仍处于初级阶段。

趋势二：海外政策导向下出海方式日益多元，出海策略转向本地化和自主化

受部分欧美发达国家提高关税、增加反补贴调查等贸易保护性措施影响，我国新能源车出口遇到挑战。但同时，一些发

展中国家和部分中东欧国家针对海外投资出台了减税或补贴政策。我国新能源厂商会根据不同出海目的地的政策来选择适宜的出海模式，其中，生产运营本地化和运输自主化是规避贸易壁垒、提升国际竞争力的有效途径。

生产运营本地化主要指通过在当地建厂、生产并雇用当地员工，拓展海外市场，贴近消费者，并降低生产成本，从而提升品牌在当地的认可度和信任度。运输自主化则指国内新能源车企在高涨的运输需求和海上运力不足的情况下，选择自主造船、买船，以保证运输。

趋势三：从“产品出海”转变为“产业链出海”

中国汽车出口正逐步从“产品出海”转变为“产业链出海”，其中不仅包括整车、技术、品牌、动力电池、充电桩等全产业链产品，还包括中国车企在海外投建生产基地，构建更适应当地挑战的全生命周期体系，谋划更长远的全球化布局。

中国新能源汽车产业目前已经形成了较为完备的产业链体系。具体而言，在零部件供应方面，中国的新能源汽车在国际竞争力中具备显著优势。中国拥有全球最完整的新能源汽车产业体系，涵盖了从材料研发、工程设计到制造管理、总装集成的全产业链。这种高度的产业聚集和供应链完整度，使得中国新能源汽车零部件企业能够迅速响应市场需求，提供高质量、多样化的零部件产品。此外，中国在电池材料和电池制造领域尤为突出，拥有宁德时代等国际领先的电池制造商，为新能源汽车产业的持续创新和发展提供了坚实的基础。这些优势使得中国新能源汽车产业在全球市场中占据了重要地位。

在配套服务方面，中国新能源汽车在国际竞争中具有显著优势。中国新能源汽车产业已经建立了较为完善的配套服务体系，包括充电设施建设、售后服务网络、电池回收梯次利用、智能互联平台等多个方面。首先，中国政府在充电设施建设上投入巨大，充电站和充电桩的数量快速增长，覆盖范围不断扩大，为新能源汽车用户提供了便捷、高效的充电服务。其次，中国新能源汽车企业注重售后服务网络的构建，通过设立服务中心、提供远程故障诊断和预测性维护等智能化服务手段，提升了用户体验和满意度。此外，中国新能源汽车企业还积极与互联网、大数据等新技术融合，打造智能互联平台，为用户提供更加个性化、便捷的服务体验。

中国车企早期出海主要以 KD 模式（汽车散件出口，在海外完成组装生产后再进行销售，能有效减少运输及关税成本）为主，投资建厂也分布在欧美中三大世界主要汽车市场附近。现阶段车企在全球有大量新建产能，新建工厂主要为具备全工艺流程的新能源汽车工厂，聚焦东南亚和南美两大新兴市场。成熟的海外工厂一方面能帮助车企降低来自关税、跨境运输等多环节风险，另一方面也能帮助车企加速提高当地的品牌影响力、完善本地供应链、降低生产成本，是自主品牌走向全球化的必然选择。

当前，整车出口仍为中国新能源汽车出海的典型模式，此外，近年来越来越多的车企开始选择在海外投资建厂，以打通供应链关键环节，并实现基于规模化效应下的降本增效。2023 年，中国新能源汽车出口结构中，乘用车占比最高，为 97.5%。从价格来看，中国新能源汽车主流出口价格区间多集中在 10 万~20 万元每台，主要出口到东南亚、中东等发展中国家，客单价较高的高端车型多集中在欧美发达国家及成熟市场。

中国汽车出口的“产业链出海”战略，不仅标志着中国车企从传统的产品贸易向技术输出和全价值链输出的转型，还体现了中国汽车产业在全球化浪潮中的积极布局和长远规划，有助于中国汽车品牌在全球市场中占据更有利的位置，并推动中国汽车产业的持续发展。

趋势四：自主品牌向上突围，中国新能源汽车站上世界舞台

近 3 年来，中国新能源汽车不仅在国内销量不断攀高，还迅速进入海外市场，成为欧美日韩品牌的有力竞争者。继东南亚、欧洲市场之后，2023 年至今，中国品牌在中亚、中东和南美的市场份额呈火箭式上升，渗透率不断提升。

美国的特斯拉和中国的比亚迪是世界新能源汽车市场的两大领军企业。比亚迪凭借其丰富的产品线、技术创新和市场份额，占据了显著优势，其市场份额在 2024 年前三季度接近 35%。特斯拉则以其技术领先和品牌影响力保持竞争力。此外，蔚来、理想和小鹏等新兴中国品牌也在智能化和高性能产品方面迅速崛起。

2024 年比亚迪纯电动汽车的季度销量首次超越特斯拉，首度成为全球市场份额最大的电动汽车企业。除了比亚迪之外，其他中国品牌如蔚来、理想、吉利、长安等也在新能源汽车市场中取得了不俗的成绩，中国新能源汽车品牌在全球市场的份额正在不断提升。

中国新能源汽车市场竞争激烈，行业集中度较高。比亚迪和上汽集团位于第一梯队，而蔚来、理想、小鹏等品牌则形成第二梯队。市场竞争主要集中在电动车领域，各品牌通过技术创新、产品升级和价格战来争夺市场份额。

据国务院发展研究中心市场经济研究所预测，预计到 2030 年，中国新能源汽车的年销量将达到 3200 万辆。据此推算，未来几年内，中国新能源汽车销量将以年均近 20% 的高速增长。到 2029 年，中国新能源汽车行业市场规模有望达到 7485 亿美元，占全球市场规模的比重会继续保持在 60% 以上。

据国际能源署预测，2030 年全球新能源汽车需求量将达 4500 万辆，届时全球新能源汽车保有量将达到约 2.4 亿辆；今年中国将售出 1010 万辆电动汽车，远高于欧洲的 340 万辆和美国的 170 万辆。在超过 130 个国家和地区提出碳中和目标的背景下，全球对绿色交通的需求量巨大。可见，全球范围内新能源汽车产能尤其是高水平、优质产能不是过剩，而是依然不足。未来 5~10 年，最主要的新增长点仍将是中国和新兴市场国家地区。

趋势五：机遇与挑战共存，新能源出海面临多重风险

近年来，新能源汽车行业正在经历前所未有的变革，特别是中国新能源汽车制造商逐渐将目光投向更广阔的海外市场。这一转变不仅是对国内市场需求饱和的回应，更是全球环保政策日益严苛、消费者对绿色出行需求快速增长的必然结果。然而，这一国际化进程并非没有挑战。中国新能源汽车企业在出海过程中面临着多重风险，如图 8–1 所示。

图 8-1　中国新能源汽车企业在出海过程中面临的多重风险

保护主义和贸易壁垒无疑是中国新能源汽车出海时的一大难题。美国在过去几年中通过多种手段阻止中国电动汽车进入其市场，尤其是《通胀削减法案》和不断增加的进口关税。2023 年，拜登政府宣布对从中国进口的电动汽车加征高达 100% 的关税，显著提高了中国新能源汽车在美国市场的竞争成本。与此同时，欧盟作为中国电动汽车的最大出口市场，占据了 2023 年中国新能源汽车出口总量的 55%，也对中国电动汽车征收了反补贴税，税率在 17.4%~37.6%。2024 年 3 月，欧盟委员会还计划对中国进口的纯电动汽车实施海关登记，这意味着一旦反补贴调查得出结论，欧盟将迅速对已登记的进口车辆征收追溯性关税。这一系列措施大大增加了中国企业进入欧洲市场的难度。加拿大、印度、泰国和土耳其等国也在采取类似的保护主义措施，加大了对中国新能源汽车的市场限制。

出口管制同样是中国新能源汽车在出海过程中面临的巨大挑战。美国和欧盟等国的出口管制政策越来越严格，特别是在对高科技产品的供应链限制方面。美国不断加大对中国的技术出口限制，2024 年，美国商务部宣布，将对中国企业的智能网联汽车出口实施新的管制规则，要求这些车企的关键部件必须由美国或其盟国生产。这意味着，中国新能源汽车企业在获取关键技术和零部件时面临更大的困难，尤其是在芯片等先进技术领域。与此同时，欧盟也对中国新能源汽车的出口提出了越来越严格的要求，尤其是在生产环节的合规性方面。

经济制裁则是另一个日益严重的风险。自俄乌冲突以来，欧美国家的经济制裁力度不断加大，一些企业也被列入制裁名单。与前述出口管制相比，美国经济制裁黑名单的更新更为频繁，截至 2024 年 8 月 1 日，目前已有 723 个中国（含港澳台）实体被列入美国财政部外国资产控制办公室的制裁黑名单“特别指定国民名单”（SDN 名单）。经济制裁不仅影响了企业的正常运营，还对跨国供应链产生了重大冲击，尤其是在涉及俄罗斯及其他敏感地区的交易中，中国企业面临的制裁风险急剧增加。

由于地缘政治和经济环境影响，俄乌冲突使得欧盟的安全问题变得更加紧迫，导致欧洲快速去碳化的兴趣有所减弱。以欧盟为例，自 2023 年 6 月的选举以来，新一届欧洲议会在快速去碳化方面的兴趣较之前有所减弱，因为俄乌冲突后，安全问题变得更加紧迫。此外，土耳其于 2024 年 7 月宣布对进口的中国汽车（包括电动车）加征更高的关税，这一政策变化进一步加大了中国新能源汽车企业在这些市场的压力。

此外，随着全球对环境、社会和治理（ESG）要求的逐步提高，新能源汽车企业还需面对日益严格的合规挑战。2023

年欧盟通过了《企业可持续发展尽职调查指令》和《新电池法案》，要求电动汽车制造商对电池的碳足迹进行追踪并提供详细的回收计划。此外，欧盟还加强了对供应链中涉及冲突矿产的监管，要求企业对其原材料来源进行严格审查。这一新规对中国新能源汽车企业而言，无疑增加了进入欧盟市场的成本。

中国新能源汽车出海如何突出重围

环境（Environment）方面

- **法规标准差异。**不同国家和地区的环保法规和排放标准差异较大。例如欧盟要求自2027年起，出口到欧洲的动力电池必须持有"电池护照"，记录电池的制造商、材料成分、碳足迹等信息，对电池生命周期碳足迹值也有要求；美国《削减通胀法案》也要求企业提供电池碳足迹声明和标签，并设定最低回收率及材料回收目标。
- **资源与能源管理。**在海外建厂或运营时，水资源、能源供应的稳定性和可持续性需要考虑在内。部分国家可能存在水资源短缺或能源供应紧张的情况，企业需优化资源利用，提高能源使用效率，减少对当地资源的压力。
- **废弃物处理与回收。**汽车生产和使用过程中产生的废弃物，如废旧电池、零部件等的处理和回收问题，需要得到妥善处理。在一些回收体系不完善的地区，建立有效的回收网络和处理机制难度大、成本高，企业要充分考虑以上挑战应如何应对。

社会（Social）方面

- **劳工权益与工作条件。**不同国家和地区的劳工法律和文化不同，企业要遵守当地的劳动法规，提供合理的薪酬、安全的工作环境和公平的劳动待遇。如在欧美等发达国家，工会组织强大，对劳工权益保护严格，企业需与工会进行良好沟通和合作；在一些发展中国家，存在劳动效率低、劳动技能不足等问题，企业需要投入更多资源进行培训和管理。
- **供应链社会责任。**供应链上下游企业的社会责任表现也会影响中国新能源汽车企业的社会评价。如欧盟的《冲突矿产条例》，使得企业对供应链中的“冲突矿产”合规问题的尽职调查成为强制性要求。企业需确保供应链上的供应商遵守环保、劳工等方面的标准，避免使用来自存在战争冲突、童工等问题地区的原材料。
- **利益相关者沟通与参与。**要与当地政府、社区、消费者、投资者等利益相关者进行有效的沟通和互动，了解他们的需求和关注点，及时回应他们的诉求，提高企业的社会认可度和美誉度。例如在海外建厂时，可能会面临当地社区对环境、就业等问题的担忧，企业需要积极与社区沟通，说明项目的好处和应对措施，争取他们的支持。

治理（Governance）方面

- **公司治理结构与透明度。**海外市场对企业的公司治理结构和信息透明度要求较高。企业需要建立健全的董事会制度、内部审计和监督机制，提高信息披露的质量和及时性，增强投资者和利益相关者的信任。

- **合规管理与风险防控。**不同国家的法律、监管环境复杂多变。例如美国对外国投资的“国家安全审查”，以及一些国家和地区的反垄断、反贿赂、反腐败等法律。企业需要建立完善的合规管理体系，加强对法律法规的研究和解读，确保海外业务的合规运营，防范法律风险和声誉风险。
- **数据和隐私合规保护。**新能源汽车智能化程度高，会收集大量的用户数据。欧盟的《通用数据保护条例》（GDPR）对企业的数据保护提出了严格要求，尤其是对于网联汽车的个人数据保护。在美国，自2024年3月1日起，商务部工业和安全局发布关于网联汽车的安全预通知，要求对网联汽车的数据进行严格监管。中国企业在出海过程中，必须确保其产品符合这些严格的数据保护要求，否则将面临高额罚款和市场准入障碍。此外，在日本、泰国、马来西亚也有相应的个人数据隐私保护立法出现。

充电桩出海：中国企业的全球化布局与实践

随着我国新能源汽车加速“走出去”，充电桩作为新能源汽车的核心补能设施，也拥有着巨大的海外出口潜力。海外新能源充电桩系统的开发与部署，是当前全球能源转型和电动汽车普及浪潮中的重要一环。随着国内市场竞争加剧，很多企业都将目光投向了海外市场，以寻求更广阔的市场环境和更具前景的发展空间。

尽管全球新能源汽车市场“指数级增长”的态势仍在延续，但本该与之相匹配的充电基础设施的建设节奏却依旧缓慢。对于新能源汽车来说，海外充电桩布局慢是较为突出的问题，主要体现在影响用户体验、抑制消费需求、限制产业规模扩张、阻碍产业协同发展等方面。

根据市场情况统计，截至2023年年底全球充电基础设施还存在着较大的缺口。与中国7∶1的公共充电桩车桩比相比，目前欧洲的公共充电桩车桩比为15∶1，美国为22∶1，泰国为20∶1，这一组数据揭示了海外充电桩市场蕴含着巨大增长空间和广阔的市场前景（图8-2）。随着海外新能源汽车的市场渗透率进一步提升，以及对充电基础设施需求的进一步释放，国内充电桩企业必然会迎来海外市场开拓的“窗口期”，这也是企业眼下极为看重的战略选择。

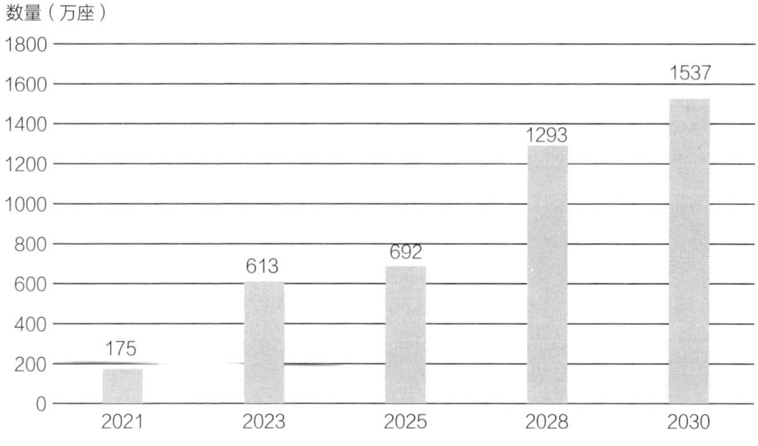

图8-2　全球公共充电桩数量

数据来源：鲸纬咨询根据行业报告及数据整理。

如果海外充电桩布局慢于预期，那么新能源车企可以从以下四个方面发力，见图8-3。

图 8-3 海外充电桩布局的四个关键

掘金人和卖铲人

中国新能源产业扬帆出海，催生了一批敏锐的“掘金人”。在这些拓荒者身后，充电桩企业正以“卖铲人”的姿态悄然崛起。当全球新能源竞赛进入白热化阶段，为掘金者们提供“趁手工具”的充电桩出海生意，正在成为下一个充满想象力的黄金赛道。

根据国际能源署（IEA）发布的《Global EV Outlook 2024》截至 2023 年底，全球公共充电桩总量约为 310 万个，较 2022 年增长近 15%，全年新增超 40 万个，增速略有放缓。预计到 2025 年年底，全球公共充电桩总量将达到约 700 万个；到 2030 年，该数字将进一步增长至约 1540 万个，其中美国将建成约 132 万个，欧洲约 241 万个，中国则将继续保持全球第一的充电桩保有量与增速。

中国汽车工业协会预测，未来 5 年内，中国企业在欧美充电桩市场的占比有望达到 30%~50%，这为“中国桩”的出海提供了巨大的机遇。

目前国内充电桩企业“走出去”的方式主要有两种：一是跟随车企“出海”，随车配桩或是作为车企在当地的服务配套商；二是利用国外经销商网络或借助相关资源方做出口。受益于我国制造业成本红利以及充电基础设施建设的先发优势，目前我国充电桩企业成本控制能力凸显，在市场化竞争条件下占据绝对的成本优势。

在面对巨大机遇的同时，中国企业在“走过去”的过程中也会遇到诸多挑战。针对不同国家和地区的标准差异，完成相应的认证和准入许可，就成为中国充电桩企业出海第一个需要跨越的障碍。目前，全球充电桩主流的认证标准包括欧盟 CE 认证、美国 UL 认证、德国 TUV 认证以及日本的 PSE 认证等，每一个认证都有较为严苛的技术要求，且成本十分高昂。比如充电桩出口欧洲需要获得 CE 认证，要经过项目申请、资料准备、产品检测、编制报告、递交审核、签发证书等一系列流程，费用为 50 万~60 万元；美国的 UL 认证难度更大，一般认证周期为 7 个月，费用在 100 万元以上。如果是公用事业项目，则需要供应商完成额外认证，甚至是拿到政府准入许可。

目前，中国品牌的新能源汽车充电桩在海外用户反馈中存在寿命短、兼容性差、售后服务体验差等“槽点”，出海除了需要在性能优化上下功夫外，还需要在产品品质把控、售后服务以及产品指标测试与认证等方面加大投入。与此同时，为了满足不同国家和地区的接口标准、技术和设计上的差异以及使用场景的不同，中国充电桩企业必须因地制宜，重新立项研发、调整接口、测试匹配，研发和生产成本都会进一步增加。然而，高门槛也意味着高壁垒。那些能够快速适应全球标准、灵活调整产品策略的企业，不仅能在海外市场站稳脚跟，更有可能在未来的国际竞争中占据主导地位。毕竟，真正的“卖铲人”，不仅要提供称手的工具，更要懂得如何在不同的矿场上，锻造出最合适的铁铲。中国部分优秀充电桩企业如表 8-1 所示。

表 8-1 中国部分优秀充电桩企业

企业名称	业务优势	海外市场表现
道通科技	专注新能源充电桩业务，产品功率覆盖 7~480kW，通过美国 UL、欧盟 CE 等多国认证	在北美、欧洲等市场取得突破，打入全球多个头部企业供应链
特来电	拥有自主研发的充电网技术，对各类新能源汽车适配性强	出海后凭借技术和运营经验在海外市场稳步拓展
星星充电	产品线丰富，涵盖交直流设备等；在智能控制、物联网领域有核心研发实力	与大众、保时捷等国际车界巨头合作，在欧美高端市场占据一席之地
杭州奥能电源	新能源充电技术专业积淀深厚、研发实力强，产品外观简约，安装便捷；交流充电桩充电效率高	产品获得欧盟 CE 等国际认证，在多个国家和地区成功应用
盛弘电气	在直流充电桩领域，有源功率因数校正技术优势明显，系统效率达 95% 以上，功率因数达 0.99；22kW 欧标交流充电桩表现出色	与英国能源巨头壳牌、英国石油公司（BP）等能源巨头合作，为其快充站提供高品质充电桩

第二节 案例分享：比亚迪及小鹏汽车如何在欧洲、中东、泰国赢得粉丝

比亚迪如何通过战略布局成功拓展国际市场

比亚迪的国际化始于 1998 年电池业务出海，随后拓展至

新能源商用车领域。2010 年，比亚迪提出“城市公共交通电动化”，加速全球新能源公交布局。K9 电动大巴先后打入美国、欧盟、日本等市场，特别在英国，市占率一度超过 60%。凭借新能源大巴，比亚迪在全球 70 多个国家和地区建立了强大的品牌影响力，为新能源乘用车出口奠定了基础。近年来，比亚迪海外销量快速增长，2023 年达 24.3 万辆，2024 年目标提升至 50 万辆，并积极布局海外本地化生产。在东南亚市场方面，比亚迪打破日系车长期垄断，在新能源领域市场占有率达 30%~40%，领先竞争对手。尤其在泰国和马来西亚，比亚迪市场占有率分别达 70% 和 37%。2023 年，比亚迪在泰国组建首个海外乘用车工厂，年产能约 15 万辆，进一步巩固其在东南亚地区的领导地位。

比亚迪在欧洲市场的布局：加强本土化战略与品牌建设

自 2021 年进入欧洲市场以来，比亚迪凭借高频布局和本土化战略，快速建立起了强大的市场竞争力。比亚迪能够在欧洲快速赢得粉丝，主要原因有以下几个方面。

积极推进本地化销售和生产布局

比亚迪深知欧洲市场对新能源车质量与本地服务的高标准要求，因此不仅大量出口产品，还迅速开设本地门店。到 2023 年，比亚迪已将七款新能源车型推广到德国、英国、西班牙、意大利、法国等 20 多个国家，并在欧洲五大主力市场开设超过 140 家销售门店。2023 年 8 月，比亚迪在波兰华沙开设了首家经销商门店，并通过与当地合作伙伴紧密联动，加速了本地品牌渗透。

为了提升供应链效率，比亚迪在欧洲物流环节也加大投入。自建的“开拓者 1 号”汽车滚装运输船开通后，大幅提升了车辆运送速度，覆盖西班牙、英国、荷兰等主要市场。此外，比亚迪还在匈牙利投资建设新能源乘用车工厂，预计不久即可开始运营，将成为其在欧洲本地化生产的重要支撑。这一系列布局显著增强了比亚迪对欧洲市场的快速响应能力和本地供应优势。

针对性推出符合欧洲需求的产品

面对日益增长的新能源车需求，比亚迪深度调研欧洲消费者偏好，推出了符合市场特点的产品组合。以唐 EV、汉 EV 和 ATTO 3（元 PLUS）为代表的车型，既满足了高续航、智能化的期待，又兼顾了设计与性能，成功吸引了大量欧洲消费者，助推比亚迪在多个国家迅速站稳脚跟。

根据欧盟数据，2023 年欧洲电动车注册量达 95 万辆，且预计到 2030 年新能源汽车渗透率将超过 65%。比亚迪精准把握住这一趋势，以多样化产品策略强化了品牌竞争力。

强化品牌建设，提升全球认知度

在产品之外，比亚迪高度重视品牌影响力的打造。通过赞助巴黎奥运会等国际大型体育赛事，比亚迪将绿色、可持续发展的品牌理念深植于欧洲公众心中。2024 年，比亚迪在欧洲的品牌认知度有了显著提升，其“绿色出行”形象逐步深入人心。

同时，比亚迪还通过与各国政府合作，确保产品符合当地最严格的环保法规，进一步获得政策背书与市场信任。这种由品牌到政策的双向渗透，极大地增强了比亚迪在欧洲市场的立足根基。

灵活应对政策挑战，巩固市场地位

尽管2023年欧盟启动了针对中国电动车企的反补贴调查，但比亚迪依然通过持续投资、扩大本地生产、加强技术创新，以及与地方政府深度合作等方式，积极应对挑战。2024年，比亚迪与匈牙利塞格德市签署了乘用车工厂土地预购协议，计划三年内建成投产，这将进一步强化其在欧洲的本土制造优势，降低政策风险。

比亚迪在欧洲市场赢得粉丝，并非偶然。其成功在于以本地化生产和销售为核心，推出符合当地需求的产品，同时大力塑造品牌形象，灵活应对外部环境变化。未来，随着比亚迪在充电设施、售后服务网络等方面的本地化策略进一步完善，预计其在欧洲市场的份额还将持续增长，全球扩张步伐也将进一步加快。

小鹏汽车的全球化战略：拓展新兴市场与应对挑战

自2020年起，广东小鹏汽车科技集团有限公司（以下简称小鹏汽车）便开启了国际化战略，通过100台G3i整车出口进入挪威市场，标志着其全球化布局的起步。随着市场的逐步扩展，小鹏汽车开始在欧洲其他国家如瑞典、丹麦、荷兰等地设立品牌直营体验店，进一步推动其品牌在欧洲市场的渗透。与此同时，小鹏汽车积极推进中东和非洲市场布局，已陆续与阿联酋、埃及、阿塞拜疆等多家当地集团建立了战略合作关系，推动销售网络和服务体系的建设，助力品牌在区域市场的快速拓展。

在短短几年内，小鹏汽车凭借其领先的智能化技术和电动化技术，成功打开了国际市场的大门。然而，这一路的扩展并非没有挑战。作为一个相对较新的品牌，小鹏汽车面临着国际竞争激烈、品牌知名度不足以及高关税等诸多困难。为了应对这些挑战，小鹏汽车采取了许多措施来巩固其市场地位。

技术优势与智能化竞争力

小鹏汽车通过依托自主研发的智能技术，逐步打造出与传统车企差异化的竞争优势。尤其是在自动驾驶技术和智能互联功能方面，小鹏汽车的技术优势显著。小鹏汽车推出的 XPILOT 自动驾驶系统和智能语音交互技术，能够为用户提供更高效、更便捷的驾驶体验。这一技术优势不仅吸引了欧洲市场的消费者，还帮助小鹏汽车在新兴市场中迅速建立了品牌认知度。与传统的燃油车相比，小鹏电动汽车凭借其低能耗、高智能化的特点，赢得了不少海外消费者的青睐。

此外，小鹏汽车通过持续优化其智能化系统，使其产品能够在不同市场的使用环境中表现出色。在欧洲，尤其是对自动驾驶和智能辅助系统有高需求的国家，如挪威和荷兰，小鹏汽车的智能化技术成为其占领市场的关键因素之一。

广泛的合作伙伴关系

为了进一步提升品牌影响力，小鹏汽车与多国的当地经销商建立了密切合作关系，这也是其成功的一大关键。通过与这些经销商的合作，小鹏汽车能够迅速融入当地市场，提升品牌的市场渗透率。在阿联酋，小鹏汽车计划自 2024 年第三季度起，推出 G6 和 G9 两款 SUV 车型，进一步拓展在中东的市场份额。

同时，小鹏汽车还计划在约旦和黎巴嫩等国推出 P7 和 G9 的交付。这些市场的需求增长迅速，尤其是在阿联酋，该国政府设定了到 2050 年电动汽车占所有车辆一半的目标，并推出了充电费用自动扣除的专用信用卡，这为小鹏等新能源汽车品牌提供了良好的市场机会。

新兴市场的拓展与多元化市场策略

除了欧洲和中东市场，小鹏汽车还积极开拓东南亚市场。2023 年，小鹏汽车与泰国当地的经销商建立了长期战略合作伙伴关系，计划将 G6 和 X9 两款车型推向泰国市场。尽管泰国车市长期以来以日系车为主，但随着中国新能源车企在当地获得越来越高的市场份额，小鹏汽车也看到了在泰国市场的巨大潜力。特别是泰国政府对新能源汽车的政策支持，以及当地对绿色出行的积极推动，使得中国新能源车企在这一市场的前景更加光明。

小鹏汽车计划推出适应东南亚市场的右舵版本车型，如 G6 车型，预计后期会在新加坡和马来西亚等市场交付。东南亚市场的渗透不仅有助于提升小鹏汽车品牌的国际影响力，还能够通过与当地经销商的合作，进一步增强其在东南亚市场的竞争力。

应对通胀风险与国际市场挑战

在进入新兴市场的过程中，小鹏汽车还面临着通胀和汇率波动的风险，尤其是那些经济环境相对不稳定的市场。为了有效应对这些风险，小鹏汽车采取了多元化货币管理策略，通过使用多种货币进行交易和融资，分散了单一货币带来的风险。同时，通过本地化生产，减少了因汇率波动带来的成本压力。此外，针对新兴市场的不同经济环境，小鹏汽车灵活调整产品定价，确保其产品在面对不同市场的通胀和经济压力时，仍能保持竞争力。

小鹏汽车的国际化布局不仅依靠其强大的智能化技术和创新的电动化产品，还通过与当地经销商的合作、灵活的市场策略以及本土化生产等多种方式成功打开了多个海外市场。随着全球化布局的逐步深化，小鹏汽车在新兴市场中的竞争力将持续提升，为未来的全球电动化浪潮贡献力量。

第三节
机遇捕捉：技术迭代与金融工具革新如何释放新能源的全球竞争力

中国新能源汽车技术创新：从电池到智能化的全球领先

中国新能源汽车在相关技术的研发上始终保持领先优势，是成就新能源汽车产业成为中国最具竞争力的战略性新兴产业的另一个关键所在。中国在新能源汽车技术领域取得了显著的创新进展，涵盖了电池技术、电机技术、电控技术、充电技术、智能驾驶与车联网技术、轻量化材料、氢能技术以及综合集成技术等方面。

在电池技术方面，中国的创新优势尤为突出。2024 年，中国新能源汽车行业在固态电池技术上再次迎来关键突破。鹏辉、中航、亿纬、宁德、国轩等多家电池厂商全固态电池产品已经进入试制实测状态，多条技术路线齐头并进，产业化进程正在加速。宁德时代发布的超级增程电池，具备纯电续航超过 400 千米的能力，显著提升了增程式电动车的续航表现，推动了电动汽车技术的发展。比亚迪的刀片电池也在安全性和能量密度方面取得了突破，成为新能源汽车电池技术的标杆之一。清陶科技的半固态电池也代表了中国在电池技术上的不断突破，显示出在电池能效和安全方面的技术进步。这些技术创新不仅提高了新能源汽车的性能，还为全球市场提供了更高效、更安全的动力来源。

电机技术也是中国新能源汽车技术的另一大亮点。永磁电机以其高效能和高扭矩特性，成为中国新能源汽车的主流驱动电机。比亚迪的高效大功率轮边驱动系统技术，是国际领先的电动汽车驱动系统之一，具备了更高的动力输出和能效转换率。这一技术不仅使得电动汽车在加速性和操控性上有了显著提升，还大大降低了能耗，增强了电动汽车在全球市场中的竞争力。

在电控技术方面，比亚迪推出的碳化硅控制器技术，是新能源汽车控制系统中的一项重要创新。碳化硅材料具有更高的热导性和更强的电流承载能力，使得电控系统在高效能和高安全性方面具有显著优势。这一技术的应用使得新能源汽车能够在更高的工作温度和功率负载下运行，从而提高了车辆的整体效率和安全性。

在充电技术方面，宁德时代的4C超充电池技术成为行业的一项革命性创新。通过这一技术，电动汽车可以在10分钟内充电至400千米的续航，极大提升了电动汽车的充电效率，解决了消费者在长途旅行中的续航焦虑。除了超快充电，其他充电技术如无线充电和太阳能充电也在不断发展，推动着全球新能源汽车充电基础设施的创新。充电技术的快速发展，不仅提升了消费者的便利性，还为未来绿色能源的应用提供了更多可能。

智能驾驶与车联网技术也是中国新能源汽车技术的创新领域。小鹏汽车的XPILOT自动驾驶系统和北汽新能源的智能驾驶技术，代表了中国在自动驾驶和智能网联汽车方面的领先地位。小鹏汽车的自动驾驶系统结合了深度学习和车载传感技术，能够实现更高效的驾驶辅助功能，减少了交通事故的发生概率，并提升了驾驶的舒适性和安全性。此外，车联网技术的普及，使得新能源汽车能够实时进行数据交换和远程控制，进一步提升了智能化水平。

在轻量化材料的应用方面，中国的新能源汽车企业也取得了显著进展。铝合金、碳纤维和高强度塑料等材料的应用，不仅降低了车辆的总重量，提高了燃油经济性，还在动力性能上表现突出。特斯拉Model 3的电池包轻量化设计就是应用这一技术的一个典型案例，它通过优化电池包的结构和使用轻量化材料，大幅提高了续航里程和车辆的动力表现。中国新能源汽车厂商在这一领域的技术积累，为全球新能源汽车的轻量化发展提供了借鉴。

氢能技术是中国新能源汽车技术的另一大创新方向。随着全球能源结构的转型，氢燃料电池汽车作为清洁能源车辆的一个重要组成部分，逐渐成为中国新能源技术发展的重点。中国已经初步建立了较为完善的氢能产业体系，掌握了氢燃料电池及其关键零部件的动力系统集成技术，特别是在燃料电池的高效性和耐用性方面取得了突破。中国的氢燃料电池汽车已经进入市场，并开始在商用车和重型运输车辆中得到应用，标志着中国在氢能领域的技术实力。

在综合集成技术方面，比亚迪的车身一体化技术和整车集成技术，极大提升了新能源汽车的整体性能和安全性。比亚迪的海豹车型通过空气动力学设计优化，在提高行驶稳定性的同时，进一步提升了电动汽车的续航能力和安全性。这些综合集成技术的创新，使得新能源汽车在各个性能指标上均有出色的表现，为全球消费者提供了更加高效、安全和环保的出行方案。

通过与国际车企合作的不断深入，中国新能源汽车企业的技术水平也在持续提升。与大众、梅赛德斯－奔驰等国际车企的合作，不仅推动了技术创新，还加速了中国新能源汽车企业在全球市场的布局。通过这些合作，中国企业不仅在技术上借鉴了先进经验，还在全球化市场竞争中获得了更多的机会。

中国新能源汽车出海如何抗击新兴市场通胀风险

全球通胀加剧、经济衰退、地缘政治等因素导致了部分国家外汇不足、汇率风险提高等情况，进而影响整车出口的最终收款。由于新能源汽车企业的交易多以美元等外币结算为主，受到国际金融环境变化的影响较大。例如，人民币汇率的波动可能会影响出口产品的价格竞争力，同时也会增加企业的财务成本。此外，如果人民币贬值，那么以美元计价的材料、费用等成本会上涨，从而压缩企业的利润空间。而新兴市场由于经济基础较弱，容易受到全球经济波动的影响。中国新能源汽车企业在出海新兴市场时，需要高度重视通胀和汇率波动带来的风险，并采取相应的风险管理措施有效应对这些挑战。

首先，本地化生产成为许多车企应对汇率波动的主要手段。例如，广汽集团在非洲和东南亚等地区建立了多个组装工厂，比亚迪则通过“本地建厂+品牌直营”的模式，既能降低关税和运输成本，又能提升品牌在当地市场的影响力。这种本地化生产策略不仅减轻了因通胀带来的成本压力，还能更灵活地调整生产以适应当地市场的需求，从而提升了市场竞争力。

其次，多元化的出口模式也为企业降低了外汇风险。部分中国车企采取了半散件（SKD）组装模式，将核心部件运输到海外进行组装。这种模式不仅充分利用了当地的劳动力和资源，还能减少因汇率波动而导致的成本不确定性，进一步稳固了企业的全球供应链和市场地位。通过这种方式，企业能够在保持较低成本的同时，减少对外汇波动的依赖，增强了其国际市场的韧性。

金融风险管理也是中国新能源汽车企业应对通胀风险的重要手段。企业通过进行目标市场和境外合作伙伴的信用分析，并采取相应的防范措施，以应对可能的违约风险。此外，通过与目标市场央行进行双边货币互换，中国车企能够稳定人民币在当地的流动性，降低金融风险的暴露，确保其资金流动和市场份额的稳步增长。

政策支持和市场研究也是帮助企业规避新兴市场通胀风险

的关键因素。中国政府出台了包括出口退税和税务辅导在内的一系列政策，为新能源汽车的国际化发展提供了强有力的支持。与此同时，企业还需要深入分析目标市场的政策环境、基础设施建设情况以及消费者需求，从而制定更加精准的市场策略，有效降低市场进入的风险。

最后，数字化转型与技术创新在提升企业应对市场不确定性方面发挥了重要作用。通过数字化管理和技术创新，企业不仅能够提升产品的市场竞争力，还能增强自身的适应能力和抗风险能力。数字化系统帮助企业实时监控市场变化，及时做出调整，从而有效降低了由于外部因素带来的风险影响。

通过采取本地化生产、多元化出口模式、加强金融风险管理、利用政策支持以及推动数字化转型，中国新能源汽车企业有效应对了新兴市场的通胀风险。这些综合措施不仅确保了企业在国际市场中的稳步发展，还加速了中国新能源汽车产业的全球化进程。

第九章
筑梦海外，建筑企业的新天地

随着中国国内生产总值（GDP）增速的放缓和国内市场的日趋饱和，加之产能过剩、劳动力成本上升等因素，国内建筑行业面临激烈竞争和利润空间的压缩。出海战略成为中国建筑企业突破发展瓶颈、寻找新增长点的必然选择。

随着国际市场对中高端建筑服务需求的增长，以及全球供应链和物流体系的优化升级，中国企业出海能够更好地融入全球产业链，发挥自身优势，提升在全球产业分工中的地位。

根据国际建筑协会的报告，全球建筑行业的市场规模在不断扩大，2023 年，全球建筑行业的市场规模达到了 10 万亿美元，预计到 2025 年年底将增长至 12 万亿美元。中国建筑业增加值占国内生产总值的比例始终保持在较高水平，显示出建筑行业作为国民经济支柱产业的稳固地位。中央经济工作会议指出，要扩大高水平对外开放，稳外贸、稳外资，积极发展服务贸易、绿色贸易、数字贸易，推动高质量共建“一带一路”倡议走深走实。

在全球化日益加深的今天，建筑企业纷纷走出国门，拓展海外市场，尤其是在“一带一路”倡议的推动下，建筑行业迎来了前所未有的发展机遇。然而，进入海外市场并非一蹴而就，建筑企业在面对不同国家的政策、文化、技术、资金等多重挑战时，如何顺利实现跨国运营、攻克痛点，是每一个走向全球的企业需要解决的关键问题。接下来，让我们通过深入分析海外扩展中的常见痛点，结合中国港湾在沙特达曼港和巴林大桥的成功案例，探讨如何有效地抓住“一带一路”带来的机遇，推动建筑企业走向国际舞台。

第一节
痛点破解：如何一站式解决资金效率、文化融合与技术落地的出海难题

资金流转：跨国金融桥梁搭建

在“一带一路”倡议和全球化进程的推动下，中国建筑行业加速布局海外市场，逐步登上国际舞台。然而，随着海外业务的不断扩展，企业面临着一系列挑战，尤其是在资金流转和跨国金融合作方面，问题尤为突出。这些挑战不仅影响了企业的资金使用效率，还增加了项目实施的潜在风险。因此，如何有效应对这些挑战，成为中国建筑企业“走出去”的核心课题。

首先，海外项目资金流转的痛点主要体现在融资渠道单一且成本高、资金回流周期长、外汇风险与资金滞留以及保函风险等几个方面。海外工程项目通常需要大量资金投入，但国内银行对海外项目的贷款限制较多，如贷款利率较高，这使得企业在融资过程中面临较高的成本。其次，由于境外银行对建筑企业的信用基础不足，企业在境外融资时往往面临贷款难、贷款额度低等问题。另外，海外项目的资金回流周期较长，尤其是采用预付款模式的项目，实际款项的到账周期可能长达半年之久，这种现象容易导致企业资金短缺，增加债务挤兑风险。

更为复杂的是，部分国家对资金跨境流动设有严格的外汇管制政策，这不仅让企业难以集中管理资金，还增加了汇率波动和利率变化带来的风险，进而提升了融资成本。与此同时，海外项目中需要开具多种保函，如投标保函、履约保函等，而这些保函的条款和要求往往涉及不同国家的法律和政策，进一步增加了企业面临的法律和政策性风险。

针对以上痛点，跨国金融桥梁的搭建是解决问题的关键。建筑企业应加强与当地银行的合作，利用当地银行对市场的深刻理解，获取更优惠的贷款利率和更灵活的还款方式。例如，中国电建财务公司与新加坡财资中心的合作就显著提升了境外资金管理效率，成功实现了首笔银企直连。此外，建筑企业还可以通过利用国际融资工具，如项目融资、出口信用保险和多边开发银行贷款等，缓解资金压力。出口信用保险作为一种重要的风险管理工具，可以为海外项目提供担保或保险产品，降低融资风险。为了拓宽融资渠道，企业还可以通过资本市场（如发行债券）、贸易融资（如出口买方信贷、卖方信贷）以及资产证券化等方式提升融资灵活性。此外，通过设立产业基金等方式，建筑企业还能更好地提升资金使用效率。政府的支持同样至关重要，建筑企业应积极争取政策支持和资金保障，如通过参与公私合作项目或获得政府基金支持，降低融资成本，提高项目的可行性。在此基础上，企业还需加强财务管理和风险控制，合理规划项目资金的使用，并聘请专业顾问或律师评估融资渠道和合作伙伴的可行性，以确保选择的融资方式能为企业带来长期可持续的利益。同时，提高属地化管理水平也是降低海外项目运营风险的重要手段，企业可以通过增加当地用工比例、缩短劳务外派周期等方式，减少外汇支出压力。

我们可以总结如图 9-1 所示。

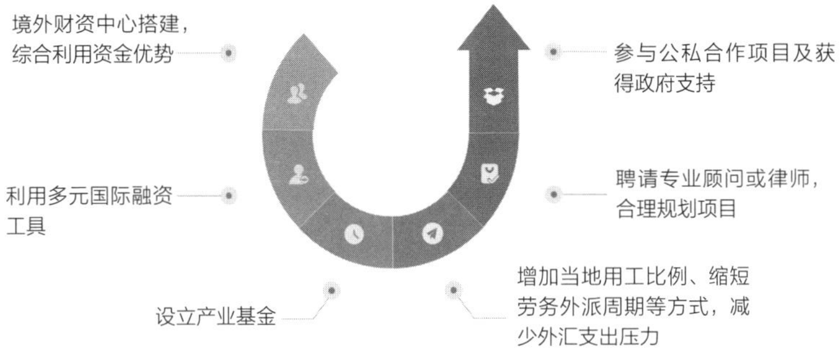

图 9-1 跨国金融桥梁的搭建

跨文化项目管理：沟通无界，管理无疆

在中国建筑企业“走出去”的过程中，跨文化项目管理成为一大挑战。文化差异引发的沟通障碍、团队协作困难、法律适应问题及传统项目管理方法的局限，均可能影响项目顺利推进。不同文化背景下的语言、价值观和工作方式差异，易导致误解与冲突，降低团队效率。若忽视当地法律法规，也可能面临项目延误或失败风险。传统项目管理方法往往难以直接适应多元文化环境，需灵活调整。

为破解这些痛点，企业应加强文化适应力，通过跨文化培训提升团队理解与沟通能力，并建立包容性企业文化，促进互信与协作。同时，组建跨文化管理团队至关重要，可通过聘用当地人才、选择具备国际经验的合作伙伴来弥补文化与法规差异，降低项目风险。

优化沟通机制是提高协作效率的关键。企业应制定统一的沟通规范，使用共同工作语言与多元沟通工具，确保信息准确传递。此外，尊重并融入当地文化也非常重要，如在商业谈判中遵循当地礼仪，建立共同价值观和明确的项目目标，增强团队凝聚力。

加强法律法规研究，完善合规管理机制，确保项目运行符合当地法律要求，是保障项目成功的基础。最后，项目管理者应根据具体文化环境灵活调整管理风格，注重风险识别与应对。通过上述措施，中国建筑企业能够有效破解跨文化项目管理难题，提升海外项目成功率与国际竞争力。

技术标准和材料：快速调适本地化路径

在中国建筑行业“走出去”的过程中，技术标准和建筑材料的适应性挑战成为企业面临的重要问题。不同国家的技术标准和建筑材料要求存在显著差异，这对中国建筑企业的国际化发展带来了巨大的压力。在项目实施中，标准的不兼容性可能导致设计修改、工期延误甚至罚款等问题。中国标准与国际标准之间的差异，尤其是部分国家采用的本土化技术标准，可能与中国标准完全不同，甚至未被广泛使用，这无疑增加了项目的复杂性。此外，不同国家对建筑材料的环保性能、耐久性和安全性有严格规定，这些要求可能与中国国内的标准相冲突，增加了企业的运营成本。建筑材料的采购和运输成本也因地区差异而变化，这使得企业在海外市场的运营面临更大的挑战。与此同时，建筑企业在海外项目中需要遵守当地的法律法规，包括建筑规范、环保要求和质量标准等。如果未能及时了解并适应这些法规，企业可能会面临项目失败或陷入法律纠纷的风险。最后，由于不同国家的供应商体系和物流条件差异，建筑材料的供应链管理也成为一个不可忽视的问题。企业需要与当地供应商建立紧密的合作关系，确保原材料的及时供应和质量达标。

为了应对这些挑战，企业需要采取一系列有效的解决方案。在项目初期，建筑企业应通过快速调研深入了解目标市场的建筑规范和技术标准，并根据当地的需求进行设计方案的本地化调整。与当地监管机构的沟通至关重要，这样可以确保设计方案符合当地法规要求，从而避免因技术标准差异导致的设计修改和工期延误。同时，企业应选择符合当地标准的建筑材料，避免由于不匹配的材料要求而产生额外的成本。加强国际标准学习和融合也是一项重要的策略。中国建筑企业应积极学习和应用国际标准，以减少标准差异带来的成本增加和建设风险。参与国际标准的制定和修订，不仅有助于提升企业在国际市场中的竞争力，还能让企业在全球化的背景下更好地适应市场需求。与此同时，企业应建立本地化供应链，选择与当地技术和验收标准接近的产品，确保原材料的及时供应，并降低采购成本。通过全球化采购策略并与当地供应商建立长期合作关系，企业可以有效提高项目的交付效率并降低运营风险。

此外，技术本地化与人才储备也是应对技术标准差异的重要手段。建筑企业应致力于开发适应当地市场的技术产品和解决方案，并与当地科技企业保持紧密合作，提升项目实施的顺畅度。同时，加强国际工程人才的培养和储备，能够提升团队对当地市场的熟悉程度，为企业顺利进入国际市场打下坚实的基础。合规性管理和风险管理也不容忽视。企业应成立专门的法务团队，全面梳理目标市场的法律法规，并定期进行合规性检查，确保项目遵循当地的法律要求。通过有效识别和规避合规风险，企业可以减少法律纠纷和项目失败的风险。最后，推动中国标准的国际化进程，是提升中国建筑企业在全球市场竞争力的重要途径。企业可以通过与国际标准接轨，逐步实现中外标准的互联互通，在海外项目中优先采用中国标准，推动中国建筑标准走向世界。

第二节
案例分享：中国港湾如何重塑沙特－巴林交通版图

沙特阿拉伯位于亚、欧、非三大洲交界处，领土覆盖阿拉伯半岛的大部分地区，东临波斯湾、西至红海，具有成为国际海上交通枢纽的区位优势。

近年来，沙特政府以促进港口基础设施发展为重要抓手，积极提升自身在全球海运网络中的地位。自 2016 年推出“2030 愿景”国家规划以来，沙特先后启动国家工业发展和物流计划、国家运输和物流战略，旨在改善贸易和运输网络的本地、区域和国际连通性，将沙特转变为全球运输和物流服务中心，计划将运输和物流部门对国内生产总值的贡献率从 6%提高到 10%。沙特港务局有针对性地制定了海运和物流服务业的转型目标，包括提升港口吞吐能力、建设和发展客运及货运码头、增加转口物流中心数量、增加沙特在转运市场中的份额等。

随着“一带一路”倡议和沙特“2030 愿景”深度对接，以中国港湾公司为代表的中国企业积极参与海尔、达曼、吉赞等港口建设，对沙特实现相关国家战略作出重要贡献。达曼港位于沙特石油工业重镇，是波斯湾沿岸最大的港口之一。近年来，沙特大力投资扩建，旨在提升吞吐量、满足发展需要。2012年，中国港湾公司启动达曼港第二集装箱码头一期项目施工，项目于2015年3月建成，使达曼港的年吞吐量提高到240万标准箱，更好地满足了港口快速发展的需求，对沙特及周边地区经济发展具有重要推动作用。在达曼港，中国港湾公司还参建了第一和第二集装箱码头升级改造等项目，建成后极大地促进了当地经济社会发展，辐射周边经济生活圈。

达曼港是沙特阿拉伯东部沿海的重要港口（图9–2），也是波斯湾地区最大的港口之一。其地理位置优越，位于沙特阿拉伯东北部沿海，靠近巴林岛西北岸，毗邻拉斯坦努拉港，距离沙特首都利雅得约410千米。达曼港通过法赫德国王运河与巴林直接相连，交通便捷，且通过高速公路和铁路网络连接沙特东部的主要城市和工业中心，为该地区的经济和物流发展提供了重要支撑。

图9–2　达曼港

作为沙特阿拉伯石油工业的重要中心，达曼港在石油出口和工业原料进口方面扮演着至关重要的角色。港口的货物吞吐量巨大，2005 年达曼港的吞吐量为 894 809TEU[①]，占沙特全国贸易量的三分之一以上。随着沙特政府和中国香港和记黄埔集团投资 8000 万美元扩建集装箱码头，港口的年吞吐能力得到了进一步提升，达到了 300 万 TEU。达曼港不仅服务于沙特国内，还成为连接亚洲、欧洲和中东的关键枢纽，处理来自美国、日本、德国、英国等国家的进出口货物。

近年来，达曼港进行了多项扩建和升级工程，进一步提升了综合竞争力。例如，第一和第二集装箱码头的升级改造项目由中国港湾工程有限责任公司承建，项目于 2023 年启动，完成后将使港口货物吞吐量提高到 750 万 TEU（图 9–3）。此外，沙特政府与玛纳法公司合作开展的疏浚工程旨在扩大港口水域面积，增强港口的容纳能力和操作效率。这些基础设施建设和发展项目将进一步推动达曼港的现代化，提升其在全球贸易中的地位。

巴林与沙特阿拉伯之间的法赫德国王大桥是连接两国的重要基础设施，1986 年竣工，全长 25 千米，其中 12 千米为填海造桥部分，耗资约 10 亿美元。除了这座大桥，巴林还计划建设第二座跨海大桥——哈马德国王大桥，以及与卡塔尔之间的友谊大桥。这些项目不仅对巴林的经济发展具有重要意义，也为中国企业提供了广阔的市场机遇。中国建筑企业，特别是中国建筑集团有限公司（中建集团），通过其先进的技术和管理经

① TEU 是全球航运业通用的标准计量单位，用于统计集装箱吞吐量、船舶运力、港口规模等，是国际物流领域的基础术语。——编者注

图 9-3　集装箱码头项目

验，在这些项目中扮演了重要角色。中建集团不仅在设计和施工方面具备领先优势，还通过“一带一路”倡议进一步推动了海外业务的发展，尤其在桥梁建设领域积累了丰富的经验。例如，文莱淡布隆跨海大桥的成功案例就体现了中国企业在桥梁设计、预制构件生产等方面的世界领先技术水平。

第三节
机遇捕捉：“一带一路”新十年，中企如何抓住基建新机遇

随着“一带一路”倡议不断推进，沿线国家在交通、能源、

通信和数字基础设施等领域的建设需求日益增长，带来了前所未有的发展机遇。这不仅助力沿线国家的经济发展，还加快了区域经济一体化，促进了全球合作。中国企业凭借技术与管理优势，积极参与其中，为全球市场注入了创新与增长动力。

沿线国家基础设施普遍薄弱，特别是在交通、能源和通信等领域存在明显短板。超过三分之二的国家基础设施水平较低，铁路、公路、港口等设施年久失修。据世界银行预测，到 2030 年，“一带一路”沿线国家的基础设施投资需求将达到 6499 亿美元。这一庞大的市场需求，为经济复苏中的东盟、中东及非洲等地区带来了改善契机，也为企业提供了丰富的投资机会。

近年来，东盟国家如马来西亚、泰国、印尼和越南的国内生产总值增速持续回暖，中东地区能源项目加速落地，非洲也在积极推进基础设施蓝图建设。交通、能源与通信成为主要合作领域，大规模的新城建设和沙特“未来城市”等项目为中国建筑企业开辟了广阔空间。与此同时，中国通过亚投行、丝路基金等多元化金融平台，为沿线国家基建项目提供了有力的资金支持。与 152 个国家和 32 个国际组织签署的合作协议，也为企业“走出去”奠定了良好基础。

“一带一路”倡议以基础设施互联互通为抓手，推动区域贸易与投资增长。铁路、公路、港口的建设显著提升了物流效率，为企业进入新兴市场创造了条件。同时，数字经济兴起推动了全球价值链升级，数字基础设施投资不断扩大。智慧城市、5G、新能源等领域的新兴需求，为中国企业带来了新的海外拓展机遇。

沿线国家也纷纷出台政策吸引国际承包商，如沙特“未来城市”计划、土耳其“孔恩计划”等，致力于优化投资环境，提供税收优惠和跨境结算便利。基础设施建设不仅直接创造了大量就业，还带动了建筑材料、机械设备等相关产业链的发展。中国企业凭借施工速度快、成本优势和技术成熟，在中欧班列、中吉乌铁路等重大项目中赢得了良好的国际声誉。

尽管机遇巨大，沿线项目也面临政治风险、资金短缺及技术挑战。企业在抓住机遇的同时，需充分评估风险，制定应对策略，确保项目的可持续发展。从传统交通设施到数字新基建，“一带一路”倡议为全球合作与区域繁荣提供了广阔空间，也为有准备的企业打开了新的成长窗口（图 9–4）。

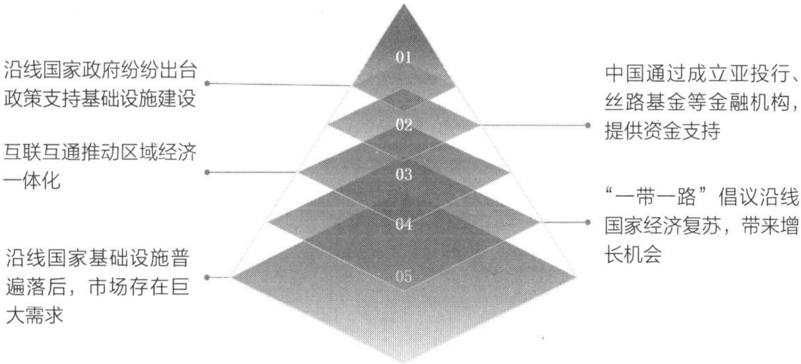

图 9–4 “一带一路”倡议下的综合机会

在全球建筑市场竞争日趋激烈的背景下，中国建筑企业在“一带一路”倡议沿线展现出独特的竞争优势。相较于欧美、日本等国的建筑公司，中国企业凭借成本控制、执行效率、融资配套和全产业链整合能力，在新兴市场中凸显出明显的比较优势。欧美企业通常以高端设计、品牌影响力见长，但项目周期长、成本高；日韩企业虽管理精细，但灵活性不足。而中国企业以更高效的执行力和更强的资源整合能力，在铁路、公路、港口等大型基建项目中迅速抢占了市场。

首先，中国建筑企业具备强大的成本控制和规模化施工能力。依托国内超大规模工程实践，中国企业在项目管理、供应链组织、劳动力动员方面拥有系统化优势，使得整体造价与施工周期远优于欧美同行。在资源有限、预算紧张的“一带一路”倡议沿线国家，这种高性价比成为赢得项目的关键因素。

其次，资金支持与模式创新是中国建筑企业的重要竞争砝码。通过亚投行、丝路基金及政策性银行的融资支持，中国企业往往能够提供“融资 + 建设”的整体解决方案。这种以工程总承包（EPC）为主，带动融资、设计、施工、运营一体化的模式，远比传统的单一工程承包更受欢迎，大大提升了项目落地率与控制力。

最后，中国企业在海外市场展现出更高的适应性与本地化能力。不同于欧美企业标准化、合同化程度高但应变能力弱的特点，中国建筑公司往往能够根据当地环境调整施工方案，因地制宜推进项目。此外，通过设立本地公司、并购当地企业、聘用本地员工，中国企业不断提升文化适应性与风险管理能力，缩短了与当地市场的磨合期。

然而，优势的发挥也需要更加精准的策略。未来，中国建筑企业要深化品牌国际化，摆脱单一低价中标形象，突出技术创新、绿色建筑、智能施工等高附加值领域，提升全球竞争力。同时，中国建筑企业应进一步加强海外风险管理体系建设，通过多元布局、与国际机构合作、引入法律与合规团队，降低政治和汇率波动带来的不确定性。

总体来看，在“一带一路”倡议沿线庞大的基础设施需求释放下，中国建筑企业若能持续发挥成本、融资与执行优势，同时补齐国际品牌与标准化管理短板，将有望在全球建筑市场中取得更大突破，真正实现从“走出去”到“扎根当地”的高质量发展。

第十章
文化娱乐，跨界传播

当李子柒用一袭素衣演绎东方田园美学时，油管网（YouTube）评论区涌现出西班牙语、阿拉伯语、俄语的赞叹；当《原神》角色“钟离”的招式“天动万象”被海外玩家逐帧分析文化典故时，中国网络文学已在欧美催生出“Daoist Fantasy”（修仙幻想）这一全新流派。这些看似偶然的破圈现象，揭示出中国文化产业出海正经历结构性变革。

- **规模跃升。**根据行业报告，中国文化产品出口额突破1500亿美元，同比增长23.6%（国家统计局数据）。2020—2023年，网络文学出海市场规模从11.3亿元激增至43亿元，影视内容出口覆盖200多个国家和地区。

- **痛点凸显。**根据鲸纬咨询行业报告分析，出海成功率不足17%，《白蛇：缘起》在北美票房仅287万美元，不足国内的1/10。

- **认知鸿沟。**根据平台调研，68%的海外观众认为中国IP“视觉惊艳但叙事晦涩”。

在前面这些耀眼数字的背后，仍有73%的出海企业在跨文化传播中遭遇“隐形天花板”。从《流浪地球2》北美票房遇冷到某汉服品牌因纹样争议在东南亚下架，语言隔阂与文化鸿沟始终是横亘在全球化之路上的双重障碍。中国企业文化出海不是简单的“字幕翻译＋渠道投放”，而是一场从基因层面重构文化基因的系统工程。

对于想要在海外市场获得成功的文化创作者和企业来说，这些问题既是难题也是机遇。每一次成功跨越这些障碍的努力，都是对人类共同情感的一次探索；每一个赢得国际认可的作品背后，都蕴含着无数精心策划与创新尝试的故事。那么，究竟哪些策略可以帮助我们破解这些痛点呢？

本章将深入探讨文化出海所面临的各种挑战，并分享一些成功的实践案例。从分众传媒微短剧到网络文学，我们将揭示它们是如何巧妙地克服语言和文化的壁垒，在海外市场赢得大量读者的喜爱。同时，我们也将着眼于数字媒体和流媒体平台的力量，探讨它们如何为全球故事的传播提供前所未有的机遇。

第一节
痛点破解：文化产品如何跨越语言和文化障碍

越南启示录：六维文化转换模型

2025 年春节前夕，当笔者在越南河内老城区迷路时，一阵蒸汽轰鸣声将我引向了一条不可思议的巷道——两排法式殖民建筑夹着不足 2 米宽的轨道，咖啡馆的遮阳伞几乎触碰到疾驰的火车车厢。这条被《孤独星球》称为“轨道上的文明实验室”的火车街，正上演着当代最生动的跨文化实验：金发背包客与戴着斗笠的老妪并肩贴墙而立，在列车擦身而过的瞬间，3 万部手机同时亮起闪光灯。

令人震撼的数据揭示着这个文化奇观的经济价值：

（1）年接待欧美游客超 200 万人次，单日咖啡销量突破

5万杯。

（2）照片墙相关话题累计曝光23亿次，衍生出327种主题滤镜。

（3）周边商铺租金三年暴涨400%，成为全球单位面积产值最高的文旅空间之一。

这个没有五星级酒店、不靠政府投资的草根景点，如何突破文化鸿沟创造出商业奇迹？我在越南的三周田野调查，揭开了其背后的战略密码。

第一幕：符号炼金术——将文化差异转化为商业货币

清晨6点，笔者坐在“轨道咖啡馆”观察第一批欧美客人的消费行为。他们毫不犹豫地点着菜单上的“Vietnamese Tiramisu”（“越南式提拉米苏”），这个将鸡蛋咖啡类比为意大利甜品的巧妙命名，使得点单转化率提升65%。老板娘阿蓉向我展示她的符号改造秘籍。

- **视觉银行系统。**把越南书法“福”字解构成“PHOOD”（Pho+Food）[①]，印在帆布包上即成爆款。铁轨涂鸦融合胡志明肖像与安迪·沃霍尔波普艺术，创造拍照黄金打卡点。
- **味觉翻译体系。**用“越南可颂”指代法棍，激活法国游客的本土记忆。将鱼露腥味转化为“Umami Bomb”（鲜味炸弹），契合美食博主叙事。
- **文化炼金公式。**商业价值 =（本土符号认知度 × 跨文化

① “Pho”在越南语中指当地的一种特色河粉，是越南极具代表性的美食。“Food”是英文“食物”“美食”的意思。——编者注

关联强度）/ 认知摩擦系数。

第二幕：肾上腺素经济——设计 0.3 米危险美学

正午时分，德国工程师马克反复测量月台到轨道的距离："不可思议！列车距人体仅 0.3 米，却 7 年零事故。"这精准拿捏的"可控危险"，正是体验设计的精髓。

- **时间编码。**每天 3 趟列车精确到秒，将随机事件转化为可传播的"生存仪式"。
- **空间魔法。**咖啡馆阳台伸出轨道 30 厘米，构建"3 秒惊险剧场"。
- **数据印证。**据穿戴设备监测显示，游客肾上腺素水平在列车通过时飙升 320%。
- **行为经济学启示。**人类愿意为 1.7 倍阈限刺激付费（哈佛商学院实验数据），而火车街将安全系数控制在 99.97%，正好激活这个心理账户。

第三幕：微笑投资回报率——超越语言的情绪价值

夜幕降临，服务员小妹阿翠用独创的"越式肢体英语"征服顾客：双手合十礼配合夸张表情，使英语水平仅雅思 3 分（满分 9 分）的她创造出单日万元的销售额。更深层的情绪价值工程在悄然运转。

- **声景设计。**午后播放老电影原声，唤醒法裔游客的怀旧情结。
- **色彩金融学。**建筑立面采用潘通（Pantone）年度色，天然契合社交平台算法推荐机制。

- **社交货币铸造。**开发 AR 滤镜“火车幸存者（Train Survivor）”，分享即赠免费咖啡。

据情感计算模型显示，这里每 1 美元情绪投入可撬动 8.3 美元的二次消费——远超迪士尼 1 ： 4.6 的行业标杆。

战略提炼：CROSS 模型

基于 3 个月的追踪研究，我们为企业家提炼出可复制的文化转换系统。

- **C（Contextualize）语境再造。**建立双文化认知锚点（如将“祖先崇拜”类比“家庭 LinkedIn”）。
- **R（Resonance）情感共振。**挖掘人类共性需求（危险迷恋 / 怀旧情结 / 社交炫耀）。
- **O（Optimize）体验优化。**设计可标准化复制的仪式化场景。
- **S（Simplify）符号简化。**将复杂文化符号降维至 7 秒认知阈值。
- **S（Storytelling）叙事重构。**植入“生存挑战”“时空穿越”等元叙事框架。

理论基石：高 / 低语境文化的深层密码

跨文化学者霍夫斯泰德曾提出过全球文化社区划分理论，例如，与中国临近的日本、韩国都受到儒家文化的影响，主张积极入世、推己及人、强调道德标准等。而墨西哥、哥伦比亚等属于拉美文化圈，他们浪漫热情、重视享受生活。

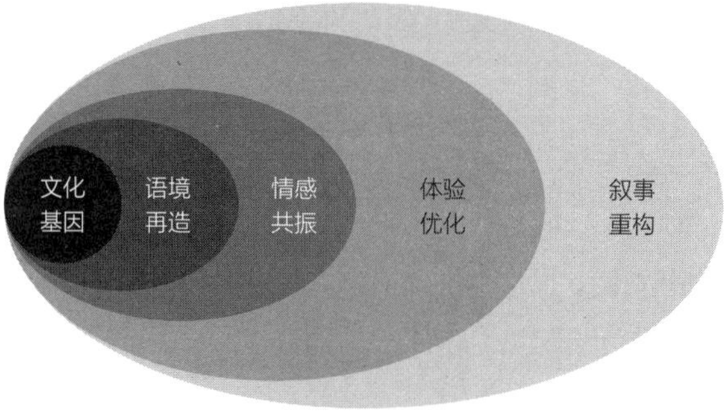

图 10-1 可复制的文化转换系统

不同文化圈的差异很大，有时我们可能很难理解其他文化背景下的人类思维。为了减少全球化过程中与其他文化的冲突，我们可以按照语言、时差、生活习俗、信仰与工作习惯这五个要素，对出海目的地的文化与中国文化的相似性进行衡量，如果文化差别较大，我们就更需要深入分析，以避免因不理解当地文化及习惯而产生不必要的冲突。

对于文化产品，语言和非语言沟通在跨文化沟通中起着至关重要的作用。我这里说的语言，不只是口头语言，不同文化中的肢体语言、面部表情和眼神交流都可能有不同的含义。那么我们可以用怎么样的方式来衡量呢？首先我们需要理解人类学家爱德华·霍尔在 1970 年提出的“高语境文化”与“低语境文化”的概念。在他的经典著作《超越文化》中，霍尔对这两种文化语境进行了深刻的阐释。

高语境文化，英文叫 High-context cultures。在这些文化中，沟通不仅依赖于语言本身，更依赖于非语言的交流方式，如身体语言、语调，甚至个人的位置和姿态。在这些文化中，人们倾向于使用含蓄和富有象征意义的表达方式，而不是直接陈述。例如，在中东、非洲、亚洲和南美洲的许多国家，人们在交流时更注重建立关系和维护面子，他们的语言往往富有诗意，充满隐喻，并且不直接切入主题。

低语境文化，英文叫 Low-context cultures。与高语境文化相比，低语境文化中的人们更倾向于直接、明确的沟通方式。在北美和西欧等地区，人们在交流时更重视信息的清晰和准确。人们倾向于直接表达自己的想法和需求，语言的使用更加直接和具体。

以出海文化产品为例，不同语境文化呈现出以下特色，如表 10-1 所示。

表 10-1　不同语境文化的特色

维度	高语境文化（中国 / 日本 / 阿拉伯）	低语境文化（美国 / 德国 / 北欧）
信息传递	70% 依赖非语言符号（表情 / 场景 / 潜台词）	90% 依赖明确语言表述
叙事逻辑	螺旋式推进，注重意境营造	线性结构，强调因果链清晰
价值表达	含蓄隐喻，追求“言有尽而意无穷”	直白外显，要求“观点鲜明可量化”
典型领域	水墨画、禅宗公案、京剧程式化表演	商业合同、科技论文、好莱坞类型片

值得注意的是，高语境与低语境文化并不是绝对的划分，而是相对的概念。在实际的跨文化交流中，了解受众的文化背景和沟通偏好是关键。通过深入理解和适应不同的文化语境，我们可以更有效地与不同文化背景的人沟通，从而提升我们的出海业绩。记住，文化敏感性和适应性是跨文化交流成功的关键。

看得懂的表情，摸得着的孤独——拉布布的非语言文化突围

泡泡玛特旗下的潮玩——拉布布（Labubu），为我们提供了一个特别值得关注的文化出海案例。它没有借助传统中国符号，而是通过一个毛茸茸、眼神狡黠、嘴角带牙的小怪兽形象，悄然走进了巴黎街头的买手店、曼谷的地铁广告，甚至洛杉矶的潮玩市集。拉布布不说话，却在不同文化背景的年轻人心中唤起共鸣。有人说它像“小时候没人理解的我”，也有人说它“长得丑，但让我有安全感”。这种无须翻译的文化沟通，正是我们在出海实践中强调的“情绪语言”。

拉布布的文化影响力是CROSS模型的生动体现：在东亚文化圈，它唤起“孤独而顽强”的童年记忆；在欧美低语境文化中，则以“另类自我”的姿态融入潮流语境，实现了C（Contextualize）语境再造与R（Resonance）情感共振的双重突破。在体验设计上，拉布布巧妙结合了盲盒机制与角色宇宙构建，激活用户的“收集癖”“惊喜感”与“社交货币”心理账户，形成高黏性的消费习惯，完成了S（Optimize）体验优化。更关键的是，泡泡玛特通过社交媒体与展览运营，赋予拉布布多元人格与成长故事，让它不仅是一个玩具，更是一个有血有肉的“情绪角色”，从而实现了S（Storytelling）叙事重构。

更有意思的是，拉布布的文化输出几乎不依赖任何“中华符号”或语言翻译，它靠的是一种“看得懂的表情”和“摸得着的孤独”。在巴黎的买手店、首尔的潮玩展、洛杉矶的跳蚤市场，你会看到不同肤色的年轻人争相与这个毛茸茸的小怪兽

合影。他们未必知道泡泡玛特，也不关心它来自哪里，但觉得“它好像我一个朋友”；或者，更准确地说，“它好像小时候那个没人懂的自己”。这正是文化出海最理想的状态：不是说教，不是输出，而是在内心深处找到一个柔软的共振点。从这个意义上讲，拉布布不只是潮玩，还是一个跨文化的情绪解码器，人类与它的交流更像是一场没有翻译器却能穿越时空的安静对话。

价值对齐利器：破解文化出海的核心难题

$$\text{文化适配度}=\frac{\text{符号转译效率}\times\text{情感共振强度}}{\text{认知摩擦系数}+\text{价值冲突指数}}$$

通过这个模型，我们可以清晰地理解目标市场的文化需求，从而在创作和传播过程中精准定位。结合大数据分析和技术工具，我们还可以量化文化距离，为制定前期进入策略提供更具体的指导。例如，流媒体平台通过算法推荐符合当地文化偏好的内容，成功提升了用户黏性。这种基于文化距离的分析，不仅能帮助文化产品跨越语言和文化障碍，还能大幅提高全球市场的接受度和影响力。

我们还可以利用 AI 分析不同文化中人们喜欢的模板，利用 AI 语言模型，从油管网等 App 上获取数据，可以帮助我们深入了解各国用户的偏好，并且利用这些数据来设计符合当地文化需求的内容。AI 模型可以分析不同文化中广受欢迎的电影、电视剧、音乐视频等类型，进一步优化创作过程。进一步来说，AI 技术能够帮助文化产品开发商根据具体的文化维度定制内容。此外，AI 还可以根据个性化数据进一步调整推荐内容，提升用户体验。通过分析流媒体平台上用户的观看历史和互动行为，AI 可以识别用户的文化偏好和心理需求，进而推送符合他们价值观的电影或剧集。如在美国和澳大利亚的市场上，AI 可能推荐更多关于个人奋斗、创新或冒险的电影；而在东亚和南亚的市场上，则可能推荐更多关于家庭和集体价值的影片。通过这些智能化手段，文化产品的创作和传播能够更精准地适应不同文化的需求，增强全球观众的共鸣，减少跨文化传播中的摩擦。这不仅提升了文化产品的市场竞争力，还为全球观众带来了更具吸引力的内容，从而推动了文化产业的全球化发展。

第二节
案例分享：分众传媒微短剧和网络文学如何赢得海外市场

当前，网文、网剧、网游被誉为中国文化出海的“新三样”，它们以独特的魅力和创新形式，正在全球范围内掀起一股“中国风”热潮。在这个过程中，分众传媒等一系列公司把握住了机会。

短剧出海

微短剧作为一种新兴的网络影视业态，凭借其短小精悍的体量、紧凑明快的节奏以及跌宕起伏的剧情，迅速成为海外观众追捧的焦点。从东南亚到欧美，从都市白领到年轻学生，微短剧以其独特的叙事风格和视觉冲击力，打破了文化壁垒，让全球观众感受到中国故事的魅力。它不仅是中国文化输出的新载体，更是中国创意产业走向世界的一张亮丽的名片。在这片广阔的海外市场中，微短剧正以惊人的速度崛起，成为连接中国与世界的文化桥梁，也为中国文化产业的全球化发展注入了新的活力。

近年来，网络微短剧迎来出海热。根据《2024 短剧出海营销白皮书》的数据，微短剧在海外市场的用户规模预计将达到 2 亿至 3 亿人。艾媒咨询发布《2024—2025 年中国微短剧市场及出海市场分析报告》(以下简称《报告》)。数据显示，95.11% 的受访者表示观看或接触过中国出海微短剧，多个国家未来愿意付费获取娱乐服务的用户比例都超过现有用户比例。中国网络微短剧市场规模呈上升趋势，2023 年中国网络微短剧市场规模达 373.9 亿元，同比上升 267.65%；预计 2027 年中国网络微短剧市场规模将超 1000 亿元。海外短剧市场目前仍处于蓝海阶段，具有巨大的海外市场吸引力。截至 2024 年 2 月，已有超过 40 款微短剧应用试水海外市场，累计下载量近 5500 万次，内购收入达 1.7 亿美元。其中，ReelShort、FlexTV、DramaBox 等平台表现尤为突出，这些平台通过本土化制作和内容创新吸引了大量海外用户（图 10-2）。

分众传媒是一家成立于 2003 年的中国领先生活圈媒体公司，主营业务包括楼宇媒体（电梯电视和电梯海报）、影院银幕广告以及终端卖场媒体广告等。其核心业务覆盖了城市主流消费人群的工作场景、生活场景和娱乐场景，形成了庞大的媒体网络，是国内广告传媒行业的龙头企业之一。自 2005 年在美国纳斯达克上市以来，分众传媒通过一系列战略举措和资本运

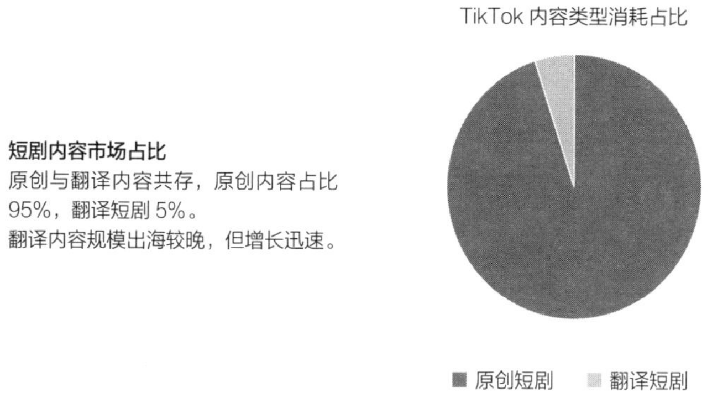

图 10-2　短剧内容市场占比

作，逐步巩固了其在广告传媒行业的领先地位。分众传媒的海外扩张主要集中在东南亚、中东及部分欧美市场。其在韩国、新加坡、泰国、印尼、马来西亚、日本、印度和越南等国家均有布局，并且在这些国家的媒体设备点位数量逐年增加。例如，韩国是分众传媒最早进入的海外市场之一，其子公司 LGU+ 自 2017 年起开始盈利。此外，分众传媒还在中东地区推进布局，并计划进一步开拓欧美市场。

作为广告营销领域的龙头企业，分众传媒近年来积极布局微短剧市场，与番茄小说紧密合作，拓展微短剧业务，旨在提升微短剧的质量和影响力。番茄小说作为抖音的重要阅读平台，为分众传媒提供了丰富的用户资源。分众传媒与海好影视签署了《中国影都（海好新意影视传媒）微短剧内容创作战略合作框架协议》，利用北京怀柔区的影视产业资源支持微短剧创作。

分众传媒的海外扩张战略不仅包括设备点位的扩展，还注重本地化运营和市场适应性。例如，分众通过设立境外子公司、并购当地企业等方式快速进入目标市场，并根据各国政策和文化差异调整运营策略。这种模式帮助分众传媒成功复制了其在中国市场的成功经验，并逐步实现盈利。分众传媒的海外业务已覆盖韩国、新加坡、泰国、印尼等国家的 100 多个主要城市，境外媒体设备点位数量已超过 17 万台。

综上所述，分众传媒的案例能够提炼出五大成功策略，如图 10–3 所示。

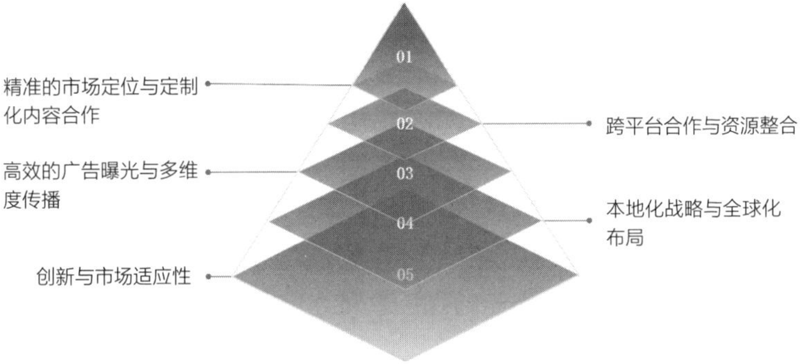

图 10–3　分众传媒的五大成功策略

网文出海

根据《2023 中国网络文学发展研究报告》，2023 年中国网络文学出海市场规模突破 40 亿元，海外原创作品约 62 万部，海外访问用户达到 2.3 亿，覆盖全球 200 多个国家和地区。早在 2021 年，中国网络文学海外市场规模已突破 30 亿元，海外用户超过 1.45 亿人。到 2022 年，海外营收规模达到 40.63 亿元，同比增长 39.87%。网络文学出海的市场正在稳步扩大，且增长速度较快。

因共享、即时、互动的特征，网络文学成为最适合国际传播的文化形式之一。在澳大利亚，前 5 名的畅销网络文学平台有 4 个来自中国；在俄罗斯的网络文学翻译平台中，数量最多和最受欢迎的都是中国网络小说；在南美洲，网络文学企业分别开发了面向巴西、阿根廷、巴拉圭、玻利维亚等国家的应用软件；在中东和非洲地区，受“一带一路”倡议的影响，中国网络文学已经成为文化交流的主力军。自 2022 年有 16 部中国网络文学作品被大英图书馆收藏后，2024 年又有 10 部作品被大英图书馆收藏。“网文出海”平台覆盖包括英语、印尼语、菲律宾语、西班牙语、法语、荷兰语、克罗地亚语、俄语、匈牙利语等多语种地区，数字化文学受到各国读者喜爱。

网络文学具有即时高效、成本低廉、互动性强的特点，有着跨国界广泛传播的天然优势。中国悠久深厚的文化积淀对世界各国人民都有着极强的吸引力，特别是随着中国的国际影响力不断提升，世界各国人民了解中国、了解中华文化的意愿日趋强烈，这为中国网络文学的海外传播奠定了基础。

网络文学出海的形式多样，包括文本翻译、IP（知识产权）改编（如影视、动漫、游戏），以及模式输出和文化输出等。例如,《大国重工》《赘婿》等作品被翻译成多种语言并进入国际图书馆；起点国际平台吸引了来自 100 多个国家和地区的作家共同创作，形成了跨文化的内容生态。具体到内容类型，海外读者对中国功夫、中医、料理等题材表现出浓厚兴趣，同时偏好言情小说、幻想小说、恐怖悬疑和科幻小说。此外，东方奇幻题材尤其受到海外年轻人的喜爱，如《斗罗大陆》等作品成为经典代表（图 10–4）。

	喜欢	最喜欢	女性偏爱	男性偏爱	亚洲地区偏爱	欧美地区偏爱
1 言情	82.4%	62.4%	√喜爱度 95%			
2 幻想	55.3%	17.2%		√喜爱度 95%		√喜爱度 66%
惊奇悬疑	26.6%	5.0%			√	
都市现代	28.2%	5.8%		√喜爱度 51%		喜爱度 34%
科幻	23.6%	3.2%		√喜爱度 48%	√	
超自然	13.5%	0.9%		√		√喜爱度 24%
动漫同人	11.3%	0.6%		√	√	√喜爱度 21%
青春校园	11.2%	0.9%		√	√喜爱度 14%	

图 10-4　最受读者欢迎的网文类型

网络文学出海衍生品如图 10–5 所示。

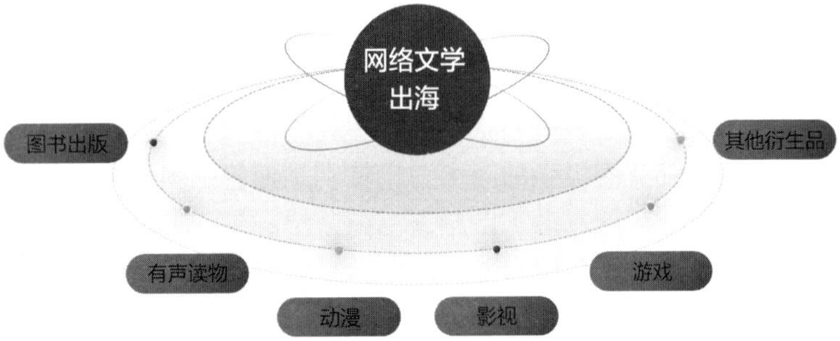

图 10-5　网络文学出海衍生品

网络文学出海带动图书出版、有声读物、动漫、影视、游戏、其他衍生品等也步入“快车道”。据中国音像与数字出版协会发布《2024 中国网络文学出海趋势报告》显示，2023 年，我国网络文学行业海外市场营收规模达到 43.5 亿元，同比增长 7.06%。当下中国网络文学正加速“出海”。人工智能、AI 翻译在未来有望助力中国网文“一键出海”。

分众传媒作为中国网络文学的重要传播渠道之一，其在全球市场建立读者基础的方式体现在多个方面。首先，分众传媒通过建立海外阅读平台（如起点国际 Webnovel），为海外读者提供中文网文的阅读服务。这些平台支持多种语言版本，并具备互动社区功能，方便读者交流与分享。此外，分众传媒还通过与海外传统出版机构合作，将网络文学作品出版成书，在海外书店销售，进一步扩大了受众范围。在内容输出与本土化方面，分众传媒注重内容的国际化和本土化。一方面，通过翻译和本地化团队的努力，将中国网络文学作品转化为目标语言，满足不同文化背景读者的需求；另一方面，通过征文大赛、交流会等方式挖掘海外本地原创作者，推动海外原创内容的崛起。除了文本输出，分众传媒还通过多元化的传播形式扩大网络文学的影响力。通过 IP 改编、有声书、广播剧等形式，分众传媒将作品进一步推向全球。

尽管分众传媒在网络文学海外传播中取得了显著成绩，但仍面临一些挑战。部分作品在翻译过程中存在质量参差不齐的情况，且文化差异可能影响读者的理解。此外，虽然海外读者偏好玄幻、仙侠等题材，但其他题材的开发仍需加强。市场拓展和生态完善也是分众传媒需要面对的挑战，尽管已有一定规模的海外原创生态，但整体仍处于初级阶段，需要进一步完善产业链条。为了进一步巩固和扩大其在全球市场的影响力，分众传媒可以通过加强内容创新与质量提升，挖掘更多具有全球吸引力的题材和故事，提升作品的文化深度和艺术价值。同时，针对不同地区读者的文化偏好推出定制化内容，并加强与当地作者的合作也是未来发展的关键。推动多元化传播模式，结合 AI 技术、社交媒体等新兴工具，探索更多互动性和沉浸式的传播方式，将是分众传媒实现更广泛国际化的重要路径。

分众传媒在全球市场建立读者基础的成功经验在于其对内容、渠道和生态的全面布局。通过打造多元化的传播平台、注重本土化与情感共鸣，以及不断创新传播形式，分众传媒不仅推动了中国网络文学的国际化进程，还为文化交流搭建了桥梁。

第三节
机遇捕捉：数字媒体、流媒体与 AI 的全球化叙事实战

技术革命重塑叙事逻辑：从线性传播到神经漫游

在全球内容产业经历深刻变革的背景下，美国的网飞（Netflix）算法将《鱿鱼游戏》推送至 1.42 亿家庭和 TikTok 用户，从受众自发创作的 2300 万条相关短视频现象可知，我们正处于一场由数字技术推动的故事传播革命中。这种革命不仅改变了传统线性的传播方式，更引入了基于神经科学的新叙事逻辑。中国企业要想做到成功的文化出海，也需要结合时代、引领时代。

沉浸式叙事：感官支配的终极武器

虚拟制片技术大幅降低了制作成本并提高了效率，例如，《曼达洛人》拍摄成本降低 50%，迪士尼的虚拟影棚将制作效率提升了 400%。这不仅是技术上的进步，更是对观众认知的一次革新。《西部世界》VR 版通过眼动仪监测观众注意力焦点，实时调整剧情分支，而网飞研究发现观众在剧集第 23 分钟出现注

意力低谷，并据此优化《怪奇物语》的节奏设计。采用沉浸式叙事的内容，用户留存率可提升 65%。

智能叙事引擎：AI 导演的崛起

据业内报道，华纳兄弟等知名影视公司正积极探索基于人工智能的故事生成与文化适配技术，这个系统能够根据特定的文化参数生成定制剧本，比如输入“目标市场：巴西；核心主题：家庭伦理；文化禁忌：宗教冲突”，即可输出包含 32 个剧情节点、112 个文化适配点的剧本框架。测试数据显示，AI 生成剧本的市场适配度比人工创作高出 47%。

数据炼金术：故事工坊的量子跃迁

迪士尼的“故事宇宙模拟器”通过对漫威 76 年漫画数据的分析来预测新角色的成功率，将 3.4 万个角色特征向量化建立了“英雄吸引力指数”。该模型使 IP 开发周期从 5 年缩短至 18 个月。

流媒体平台的全球化杠杆：算法帝国的文化征途

随着网飞等平台通过其“文化本地化矩阵”成功地将内容推向全球市场，内容传播已从传统的文化输出进化为更为精细的算法操控。

推荐算法的认知驯化

全球领先的音乐流媒体平台声破天（Spotify）的“文化音纹”系统能够通过短短 300 秒音乐播放记录预测用户的价值观

倾向，而爱奇艺则通过美食类达人植入《风起洛阳》中的“洛阳水席”场景，使得历史剧观看转化率提升了 89%。

本地化适配

腾讯视频在非洲市场验证了超本地化的威力，如保留《庆余年》权谋主线但将其科举制度类比为“非洲部落长老选拔”，并插入本地音乐人的原创插曲，这一策略有效提升了内容的本地吸引力，促进了尼日利亚等地付费用户的增长。

跨媒介生态的降维打击

根据报道，亚马逊构建了一个元宇宙级的叙事网络，将《指环王》IP 拆解成 872 个文化符号，在多个触点渗透，每个触点都能增加 0.7% 的衍生品购买概率。

AI 赋能的传播革命：从文化翻译到基因解码

技术的进步正在突破语言障碍，幻途（Midjourney）将《千里江山图》转化为赛博朋克壁纸，华为 AI 字幕实现粤剧实时方言转译,《流浪地球 2》因在阿拉伯地区的文化熵值低于预期，及时调整宗教隐喻，以适应当地文化环境，都是这一趋势的具体体现。

我们可以通过文化基因进行解码：

（1）“文化情绪罗盘”量化不同地区对叙事节奏的偏好。

（2）用大模型可以解析文化符号的跨语境映射关系。

（3）用“文化皮肤”技术让游戏角色服装自动切换传统纹样。

（4）声纹库覆盖 200+ 文化方言变体。

通过组件化生产将故事拆解为可重组模块，并建立符号资产的可视化仓库，比如用 AI 语言文本分析故事情节、图谱中的各种符号，提升周边产品的销售。我们可以巧用插件，利用奥多比（Adobe）的“文化基因库”插件提高内容生产的灵活性和适应性。

数字媒体、流媒体平台和 AI 技术为文化传播开辟了全新的道路，不仅打破了传统媒体的限制，还为各类故事和创意提供了广阔的空间。未来，随着技术的不断进步和平台的不断创新，文化产品的全球化传播将更加高效，能够为更多创作者带来更大的影响力。借助这些平台，我们可以期待一个更加多元、互联互通的全球文化生态圈，推动世界各地的文化交流和融合。

第十一章
金融出海，强国之路

与其他行业相似，中国金融机构在海外市场的布局也日益深化，从银行到券商，再到金融科技公司，它们正通过并购、设立分支机构以及与当地企业合作等方式积极开拓国际市场。但是不同之处在于，金融出海是其他一切行业出海的支柱和蓄水池，只有金融出海越强，其他行业出海才会越平稳。从欧美到日本企业的全球化，无一不是有其强大的金融出海的支撑。在这样的大趋势下，本章将分析中国金融出海的情况，并将十多年从事金融出海的经验分享给大家。历史终将证明，企业出海话语权的更迭，是否有金融的助力非常重要。

第一节
痛点破解：如何构建适应多国监管的金融出海策略

为什么金融出海是必选项？战略价值全解析

- **促进资本流动。**金融出海有助于打破国界限制，促进全球范围内的资本流动，为国内外投资者提供更多样化的投资机会。

- **提升国际竞争力。**通过拓展海外市场，国内金融机构可以学习先进的管理经验和服务理念，从而提高自身的服务水平和市场竞争力。

- **分散风险。**将业务扩展至多个市场可以帮助金融机构更好地分散地域性风险，增强抗风险能力。

- **支持实体经济“走出去”。**为本国企业提供境外融资渠道，帮助它们顺利开展国际贸易和直接投资活动，进而推动整个国家的经济增长。
- **推动人民币国际化。**中国金融机构积极参与国际金融市场，有利于推广人民币作为交易货币的地位，加快人民币国际化的进程。

金融出海细分行业包括国有大型商业银行、股份制商业银行、保险公司、证券公司和金融科技公司等，其全球化发展如表 11-1 所示。

表 11-1 金融出海细分行业

类型	代表公司（中国）	全球化发展	同类全球优秀竞争对手或头部企业名称
国有大型商业银行	中国工商银行、中国建设银行	在全球主要金融市场设有分支机构，提供广泛的金融服务，包括零售和批发银行业务	摩根大通（JPMorgan Chase）、汇丰控股（HSBC Holdings）
股份制商业银行	招商银行、中信银行	通过并购和新设机构扩展海外市场，专注于特定区域或行业领域，如东南亚及“一带一路”倡议沿线国家	花旗集团（Citigroup）、德意志银行（Deutsche Bank）
保险公司	中国人寿、中国平安	主要集中在人寿保险、财产保险等领域，并探索健康险、养老保险等新型业务	安联集团（Allianz SE）、美国国际集团（AIG）
证券公司	中信证券、海通证券	积极参与国际资本市场，提供股票承销、资产管理等专业服务，以及跨境投资咨询	高盛集团（Goldman Sachs）、摩根士丹利（Morgan Stanley）
金融科技公司	支付宝（蚂蚁集团）、腾讯金融科技	开始尝试走出国门，寻求国际合作机会，特别是在数字支付、在线借贷平台等方面	贝宝（PayPal）、条纹支付（Stripe）、方块支付（Square）

那么，目前我国金融行业出海现状如何呢？据表 11–2 显示，我国金融行业海外业务收入在总收入中占比并不高，与主流发达国家相比，除了四大行外，我国的金融出海还处于初级水平。

表 11–2　金融行业海外业务收入在总收入中占比

行业	海外业务占总收入比重 平均占比
可选消费	26.6%
能源	24.4%
信息技术	24.2%
医疗保健	22.2%
材料	19.4%
日常消费	19.3%
工业	17.6%
电信服务	15.2%
金融	12.3%
公用事业	7.4%
房地产	2.4%

数据来源：鲸纬咨询根据中国上市公司年报及公司所披露数据整理，2024 年年底。

目前金融行业出海的痛点如图 11–1 所示。

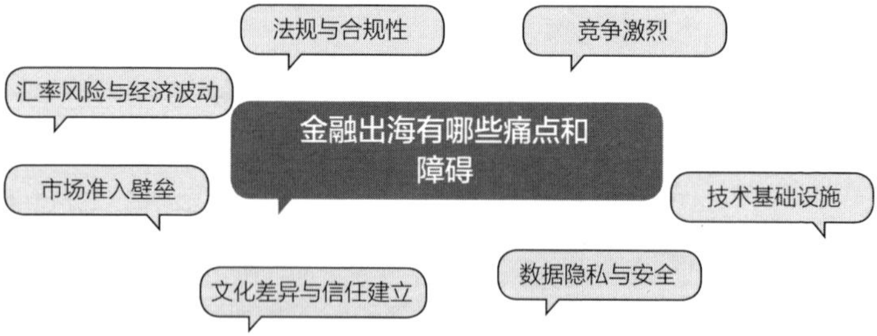

图 11–1　金融行业出海的痛点

要解决这些痛点和障碍，我们需要先了解全球各国的金融监管体系，目前大致可以分为三类。

- **单一型监管体系。**在这种模式下，所有金融机构和金融服务都由一个综合性的监管机构负责。这种体系常见于新兴市场和发展中国家，因为它们希望通过集中化管理来简化监管流程，并更好地控制风险。例如，马来西亚、新加坡等国采用了类似的监管体系。
- **多头型监管体系。**这是指不同的金融活动（如银行、证券、保险）分别由不同的监管机构进行监管。这种模式在发达国家较为普遍，如美国拥有联邦储备系统（Fed）、证券交易委员会（SEC）、商品期货交易委员会（CFTC）等多个独立的监管机构。历史上，这类体系的形成往往与各行业的发展历程有关，每个行业的监管需求催生了专门的监管机构。
- **双峰型监管体系。**该体系将审慎监管职能与行为监管职能分开，前者关注金融机构的稳健性和资本充足率等问题；后者则侧重保护消费者权益、打击欺诈行为等。澳大利亚和荷兰是采用双峰型监管体系的典型例子。这种架构旨在平衡金融稳定与消费者保护之间的关系。

那么，不同框架体系有哪些要求和挑战呢？

- **单一型监管体系。**要求企业全面理解和遵守当地法律法规，确保所有的经营活动都在一个统一的标准下进行。对于初次进入该类市场的中国企业来说，可能需要花费更多时间和资源去适应新的规则环境。
- **多头型监管体系。**面对多个监管主体，企业必须建立一套完善的内部协调机制，确保各项业务符合各自对应的监管规定。此外，企业还需注意不同监管部门之间的信息共享和沟通问题。

• **双峰型监管体系。**除了要满足严格的资本管理和风险管理要求，还特别强调对消费者权益的保护。这意味着企业在市场营销、客户服务等方面也要严格自律，避免任何可能导致消费者不满的行为。

中国金融行业出海时面对不同监管体系的挑战，可以从以下几个维度来考虑如何应对。

（1）法律合规与政策研究。

（2）风险管理和内部控制。

（3）人才本地化与团队建设。

（4）技术基础设施。

（5）合作与伙伴关系。

（6）品牌建设和客户信任。

（7）财务规划与资本充足率。

（8）危机管理准备。

破局金融出海：合规中谋增长

在全球化的大潮中，中国金融行业的出海之旅既是一场冒险，也是一次机遇。面对复杂多变的国际金融环境，如何在遵守各地法规的同时实现业务增长，可能是每一个企业面临的难题。

法律合规与政策研究

• **深入了解目标市场的法律法规。**各国对于金融机构的设立、运营、风险管理等方面都有不同的法律规定。企业必须对当地金融法规有全面深入的理解。

• **监控政策变化。**国际金融市场的政策环境不断变化，企业需要建立机制持续监控和评估这些变化对业务的影响，并适时调整策略。

风险管理和内部控制

- **强化内部治理结构。**建立健全的风险管理体系，确保在不同市场中都能有效识别、评估、监控和控制风险。
- **设计内部控制流程。**设计符合当地监管要求的内部控制流程，保证所有操作合法合规，同时维护企业的商业秘密和技术安全。

人才本地化与团队建设

培养或引进熟悉当地法律、会计准则及文化的专业人才，以帮助理解和遵守当地规定。

构建跨文化的管理团队，促进中外员工之间的交流与协作，提升企业的全球化管理水平。

技术基础设施

投资信息技术系统，使其能够满足不同国家的数据保护标准和其他技术规范。

确保数据传输的安全性和隐私保护措施到位，尤其是在跨国界的数据交换过程中。

合作与伙伴关系

寻求与当地金融机构或其他相关行业的合作伙伴，通过合作减少进入市场的难度并提高成功率。

加入行业协会或联盟，参与制定行业标准，增强企业在国际市场上的影响力和话语权。

品牌建设和客户信任

在海外市场塑造正面的品牌形象，强调透明度、诚信和服务质量，赢得客户的信任和支持。

遵守当地的消费者保护法规，重视客户服务体验，积极处理投诉，维护良好声誉。

财务规划与资本充足率

制订合理的财务计划，确保有足够的资本支持海外扩张，并保持适当的流动性水平。

考虑到不同国家对于资本充足率的不同要求，合理安排资金配置，优化资产负债表。

危机管理准备

制订详尽的应急预案，以备不时之需，包括但不限于金融危机、政治不稳定等因素带来的冲击。

定期进行模拟演练，检验应急预案的有效性，确保在紧急情况下可以迅速反应。

变局中的金融业：中国如何顺势而为

加强宏观审慎管理

2008 年全球金融危机表明，仅依靠微观层面金融机构的个体稳健性，无法确保整个金融体系的稳定性，金融体系的复杂性、关联性和顺周期性仍可能引发系统性风险。于是各国监管机构开始重视宏观审慎政策，不仅关注单个金融机构的风险控制，还着眼于整个金融系统的风险累积和传染效应。例如，欧洲中央银行（ECB）设立了专门的宏观审慎监管部门来监控系统性风险。

基于此，中国企业应积极参与国际间关于宏观审慎政策的交流与合作项目，如加入金融稳定理事会（FSB）或巴塞尔委员会（BCBS）等组织举办的研讨会，学习最佳实践案例。

数字化转型与金融科技（FinTech）监管

随着数字支付、区块链、稳定币、人工智能等新兴技术的发展与应用，金融服务模式发生了深刻变革。监管机构正在探索如何在鼓励创新的同时确保消费者保护和技术安全。比如，英国金融行为监管局（FCA）推出了“沙盒”机制，允许企业在受控环境中测试新产品和服务；新加坡金融管理局（MAS）也积极推动监管科技（RegTech）的应用，提高监管效率。

企业可以利用“沙盒”机制或其他国家类似设施测试新产品和服务，同时密切关注各国对金融科技的最新监管动态，确保合规运营。

跨境监管合作增强

全球化进程加速了资本流动和金融活动的跨国界特性，单一国家难以独自应对复杂多变的国际金融风险。国际间通过签署谅解备忘录（MOUs）、建立联合工作组等方式加强信息共享和协调行动。如金融稳定理事会（FSB）致力于推动全球金融监管标准的一致性，减少监管套利空间；巴塞尔委员会（BCBS）则持续更新和完善《巴塞尔协议Ⅲ》以适应新的市场条件。

因此，企业应建立广泛的国际合作网络，包括与其他国家的金融机构、行业协会以及监管机构保持密切联系，及时了解最新的法律法规要求。

环境、社会和治理（ESG）议题日益重要

近年来，气候变化和社会责任问题逐渐成为投资者和公众关注的焦点。越来越多的国家出台了相关政策法规，要求金融机构披露其投资组合中的 ESG 因素，并采取措施降低负面影响。欧盟制定了严格的绿色金融标准，包括《可持续金融分类方案》，明确了哪些经济活动可以被视为环保友好型投资。

中国企业要积极开展绿色金融产品创新，如发行碳中和债券、设立专门的 ESG 投资基金，并且遵守欧盟《可持续金融分类方案》等相关标准，提高自身透明度。

强化消费者保护与行为监管

金融危机后的反思促使监管者更加注重保护普通消费者的权益，防止不当销售行为和不公平条款。许多国家引入了更严格的行为规范，确保金融机构提供透明的产品信息，并对潜在风险进行充分提示。例如，英国实施了新的《消费者责任法》，旨在提升金融服务市场的诚信度。

中国企业在面临上述挑战时要尽量优化内部治理结构，确

保所有员工都理解并遵循高标准的职业操守；同时加强对客户的教育宣传，帮助他们做出明智的投资决策。

应对地缘政治风险和制裁措施

随着地缘政治紧张局势加剧，尤其是俄乌冲突后，西方国家对俄罗斯实施了一系列严厉的经济制裁。金融机构被要求加强对客户尽职调查（KYC）流程，识别并防范涉及敏感地区的交易。同时，反洗钱（AML）和打击恐怖融资（CFT）也成为重点监管领域之一。欧盟委员会提出了统一的反洗钱规则手册，并计划设立一个新的欧盟级反洗钱机构（AMLA）。

中国出海企业要建立健全的风险预警系统，定期审查现有客户名单，确保没有违反任何国际制裁规定；并与专业的法律顾问合作，评估可能面临的法律风险。

提升运营韧性与战略敏捷性

疫情暴露了金融机构在突发事件面前可能存在的脆弱性。监管机构鼓励金融机构构建灵活且具有弹性的业务连续性计划（BCP），确保即使在极端情况下也能维持关键服务功能。此外，突发事件还凸显了企业文化和领导力的重要性，这就要求金融机构要构建一种既能快速响应变化又能保持长期稳定的管理模式。

中国金融机构要定期进行模拟演练，检验连续性计划的有效性；培养一支具备危机处理能力和创新思维的管理团队，以应对外部环境的不确定性。

三大变量：AI、加密与去全球化如何重塑中国金融出海

当前，中国金融出海正面临技术革命与地缘博弈的双重冲击。关于未来的挑战和应对策略，我也总结了一个表格，如表11-3所示。

表 11-3 未来金融挑战

因素	帮助（机遇）	挑战	应对策略
AI（人工智能）	提升效率与精准度：优化风险评估、市场预测和客户服务流程。 创新产品和服务：提供个性化解决方案。 成本节约：减少人力成本	合规性问题：确保算法透明性和公平性，遵守当地法律法规。 技术依赖与安全风险：避免对关键技术供应商的过度依赖，增强网络安全防护措施	加强国际合作与交流，参与制定全球标准。 深化科技创新能力，推动前沿技术应用
加密货币	探索新市场：为未被传统银行服务的地区提供替代支付手段。 跨境支付便利化：简化国际转账流程，降低手续费	监管不确定性：评估各国政策法规，防范法律风险。 价格波动与投机行为：应对市场价格波动，防止洗钱和非法融资等违法行为	灵活调整市场策略，关注不同市场的特点。 强化合规管理和风险管理，确保经营活动符合当地法律法规
去全球化	区域聚焦策略：深化区域内合作，特别是在“一带一路”倡议框架下的项目。 本地化发展：深耕本地或邻近区域，降低物流成本	市场分割加剧：面对保护主义政策，跨国经营难度增加。 产业链重构压力：适应全球价值链变化，调整生产布局和技术路线，涉及高额投资和转型成本	根据各地区的实际情况制订差异化的市场进入计划。 支持客户适应产业链变化，提供相应的融资和咨询服务

这场变革正在改写传统规则，中国金融机构需要建立“技术敏感度 + 地缘适应力”的双螺旋能力，在技术革命与逆全球化的撕裂中寻找新的平衡点。

第二节
案例分享：工商银行和工银瑞信如何通过创新金融产品及服务打入海外市场

笔者在工商银行负责海外业务多年，中资银行在推进国际化的过程中，通常会根据目标市场的特点、自身发展战略以及外部环境等因素来选择合适的布局方式，参见表 11-4。

表 11-4　中资银行海外布局策略

进入模式	适用情况	优势	挑战
设立分行	新市场探索；监管要求较低；长期规划；服务现有客户群	直接控制运营；逐步建立品牌；灵活调整策略	需要时间和资源投入；初期市场份额有限；可能面临较高的启动成本
收购现有金融机构	快速获取市场份额；规避市场准入障碍；利用现有网络；应对激烈竞争；特定领域专长	快速扩展业务；继承成熟体系；节省时间成本	高额收购成本；整合难度大；文化冲突风险；潜在的法律和合规问题
合资经营	共享风险与收益；适应当地法规	分担风险；结合双方优势；更容易获得当地支持	决策过程复杂；利益分配不易协调；可能存在控制权问题
设立代表处	信息收集与联络	成本低；风险小；便于市场调研	无法直接开展金融交易；影响力有限；难以迅速扩大规模
参股或战略投资	间接影响；保留目标公司独立性	不承担全部责任；可以对目标施加一定影响力；适合不想完全放弃独立性的目标	影响力有限；可能缺乏决策控制权；回报周期较长

基于自身优势 + 海外评估数据，我们可以从以下四个关键维度评估目标国家的金融出海可行性。

金融监管环境

评估目标国金融体系成熟度需关注三大核心：第一，法律框架健全性（银行 / 证券 / 保险法规体系）及监管透明度；第二，监管机构独立性与执法效能（重点考察处罚力度和消费者保护机制）；第三，国际参与度（双边协议数量及在全球金融治理中的活跃程度）。合规成本须作为关键决策指标。

金融深度与市场效率

通过衡量股市规模相对于经济总量的大小、不良贷款率等指标判断金融体系健康度，重点分析资本市场活跃程度（债券市场规模、首次公开募股频率）及金融机构多样性（银行 / 非银机构协同效应）。金融市场效率取决于三大实操要素：交易成本、信息透明度及流动性水平，这直接影响资金运作效率。

经济与人口基础

核心观测国内生产总值增速、通胀率等宏观经济指标，重点评估产业结构中金融服务业的占比及科技对传统行业的改造能力。人口维度需聚焦“两率”——年轻人口比率（决定市场潜力）和城市化率（影响金融服务渗透度），此外还有教育程度，教育水平决定高端金融业务发展天花板。

外资开放与跨境便利

准入政策关注负面清单管理和设立流程时效性，资本流动自由度与汇率稳定性构成国际业务拓展的双重门槛。需特别考察目标国与中国的双边关系及国际信誉度，这些隐性因素往往比显性政策更能影响长期经营稳定性。

接下来，以资管业务为例，将工商银行全资子公司工银瑞信在不同地区采用的不同发展路径进行逐一分析，参见表 11-5。

表 11-5 工银瑞信的不同发展路径

不同国家及地区	海外化路径	原因
日本	利用两地互联互通战略	两地的证券交易所出台了互挂政策
东南亚	先从机构业务入手，再打入零售市场	东南亚地区的工行，特别是泰国工行等实力较强，已经做了较长时间的本地化，方便对资管业务进行赋能
欧洲	在欧洲寻找合作伙伴，在欧洲发行符合欧洲监管框架的交易基金，互认资格达到 8 个国家	利用卢森堡及爱尔兰等地的金融结构优势，从这里出发辐射整个欧洲市场
中东	积极开发中东主权基金和家族办公室业务	响应国家及政策号召

全球市场洞察与团队建设

笔者在工商银行负责资管海外业务的时候，聚焦资产管理领域，定期发布覆盖各主要市场的深度调研报告，从市场概览到动态变化进行全方位监测。在人才布局上，我们优先选拔具有海外留学及生活背景、英语流利的专业人才，确保团队具备国际化视野与本地化落地能力。针对金融企业出海的共性挑战——“对内营销重于对外营销”，我们依托集团资源，创新采用双轨营销策略：一方面通过海外分行客户经理网络拓展业务，另一方面积极邀请海外客户经理到访办公室，与投资团队深入交流，强化信任与合作。

业务挑战与破局策略

在业务推进过程中，我们也遇到了很多困难，首先是产品缺乏多样性，其次是产品缺乏历史业绩，很多金融机构都会面临这个问题。对此，我们可以采取“以时间换空间”的策略，通过前瞻性产品布局和持续培育，待市场周期配合时快速扩大规模。同时，我们还会密切关注金融政策变化（如互联互通、外资投资政策等）带来的机遇与挑战。

基于实践经验，我们当时明确了三大发展路径：加强公募产品布局、重点突破机构业务、灵活把握在岸离岸利率差优势，形成差异化竞争力。

加强公募产品布局

与中资同业相比，工银瑞信（国际）产品布局较慢，且近几年新发产品不多；根据此前与保险客户，如太平、人寿、太平再保、泰康等保险公司的交流，客户普遍反映委外速度很慢，我们了解到，这部分客户做专户方案看起来较难，表现好的基金也有外资评级机构背书，在披露上更会优于专户，故而我们选择了以布局公募产品为主。

重点突破机构业务

目前中资资管及基金公司在港发展主要以机构业务为主，即使是规模大不少的同业，在渠道业务布局都不够强；另外，与内地零售业务不同，因人员比较有限，零售业务基金公司主要由零售部负责人及其投资顾问部门推动零售分行的销售；特别是在首发阶段，首发资金大多来自公司种子基金及机构资金，零售首发的概率很低。

灵活把握在岸离岸利率差优势

跨境业务需精准把握在岸离岸利率周期优势，灵活调整业务重心：在境外加息周期重点发展合格境内机构投资者及基金业务，在境内利率高企时加快落地投资业务。要充分发挥中国香港子公司与母公司的一体化协同优势，依托母公司的客户资源及销售网络，深度对接境内银行、非银机构及企业客户的境外需求。同时，中国香港本地业务应采取“公募＋机构先行”的策略，通过产品线布局和业绩积累打好基础，待条件成熟后再向零售及私人银行领域拓展，实现客户覆盖的全面提升。根据这样的策略，我们当时取得了很大的进展，在多个方向募资超过 30 亿元人民币，得到了中东、东南亚、美国、欧洲等地客户的认可。

基于以上实践经验，我们深刻认识到，金融机构的国际化拓展是一项需要长期耕耘的系统性工程。在全球化布局中，我们既要把握市场机遇和政策窗口，又要夯实基础能力建设。以下三大核心策略对中国金融机构国际化非常有帮助：一是持续优化全球市场研究体系，强化对海外资金融机构市场的动态把握能力；二是完善国际化人才梯队建设，打造兼具本土洞察和全球视野的专业团队；三是坚持差异化发展路径，在机构业务领域构筑核心竞争力，同时稳步推进零售业务布局。未来，只有深度融合全球资源与本地优势，持续创新和稳健运营，金融机构才能在激烈的国际竞争中立于不败之地，实现可持续的高质量发展。

第三节 机遇捕捉：数字人民币、互联互通、稳定币，数字金融生态解锁跨境金融新场景

人民币国际化现状如何

我们有几个维度可以观察人民币国际化的现状：跨境支付和结算、储备货币功能、投融资功能、计价货币功能、基础设施建设、政策支持与国际合作。

人民币国际化自 2009 年正式启动以来，经历了显著的发展历程，并在全球金融体系中逐渐占据了更加重要的位置。根据环球银行金融电信协会（SWIFT）的数据，人民币已成为全球第四大活跃支付货币，占全球支付总额的 4.47%。

从贸易结算来看，人民币在跨境贸易中的使用持续增长，尤其是在中国与“一带一路”倡议沿线国家之间的交易中，人民币结算比例不断提高。2024 年 1 月至 10 月，货物贸易人民币跨境收付金额达到 9.9 万亿元，同比增长 15%，占同期货物贸易本外币跨境收付金额的比重达到 26.6%。

从官方外汇储备来看，越来越多的国家将人民币纳入其外汇储备。根据国际货币基金组织（IMF）的数据，截至 2022 年年底，人民币在全球官方外汇储备中的占比为 2.88%，虽然仍低于美元和欧元，但已超越日元和英镑。

从特别提款权（SDR）来看，2016 年 10 月 1 日，人民币

正式加入国际货币基金组织的特别提款权货币篮子，权重为10.92%，并在2022年的调整中上调至12.28%，进一步巩固了其作为国际储备货币的地位。

从投融资的角度来看，随着中国资本市场对外开放力度加大，境外投资者对中国境内人民币资产的兴趣日益浓厚。例如，“债券通”“沪港通”“深港通”等机制吸引了大量外资流入中国的债券和股票市场。2024年熊猫债发行规模有明显增长，预计2025年仍将保持较大发行规模，这得益于中国实施适度宽松的货币政策以及人民币国际化进程的持续推进。

从计价货币功能来看，人民币在大宗商品交易中的计价作用开始显现。上海国际能源期货交易中心推出的人民币原油期货合约已成为全球第三大原油期货市场，增强了人民币在能源交易中的地位。跨境电商等新业态、新模式也促进了人民币在国际贸易中的计价和结算使用。

从基础设施建设来看，人民币跨境支付系统（CIPS）二期系统的上线运行极大地提升了人民币跨境清算效率和服务能力，截至2023年8月末，该系统共有参与者1467家，覆盖亚洲、欧洲、非洲等多个地区的主要金融中心。截至2024年年末，中国人民银行已在32个国家和地区授权设立了34家人民币清算行，覆盖全球主要金融中心，进一步完善了人民币跨境使用的基础设施。

从政策支持与国际合作角度看，中国央行与多国签署了双边本币互换协议，这些协议有助于促进双边贸易投资，同时也为人民币国际化提供了有力支撑。中国积极参与全球金融治理，通过二十国集团峰会、金砖国家峰会等平台推动人民币与其他货币的合作，共同维护国际金融稳定。

人民币国际化 × 金融出海：双轮驱动的战略机遇

拓宽人民币融资渠道

人民币国际化显著增强了中国企业在全球资本市场的融资能力，特别是那些有海外贸易往来的企业。通过在境外发行以人民币计价的债券，企业能够吸引更广泛的国际投资者群体，不仅增加了融资来源的多样性，还可能享受到较低的资金成本。这种融资方式减少了对美元等其他货币的依赖，降低了汇率波动带来的风险，从而为企业提供了更加稳定和灵活的资金支持。

人民币资产托管服务

随着人民币国际化进程的加快，国际市场对人民币资产的需求也在不断增长。这为金融机构提供了一个新的业务增长点——人民币资产托管服务。专业的托管机构可以帮助客户安全保管其持有的人民币资产，并提供包括清算、结算、会计核算、风险管理等一系列增值服务。这不仅有助于提高资金的安全性和流动性，还能增强投资者对中国市场及人民币产品的信心，促进跨境投资活动的发展。

跨境支付系统的优化与创新

人民币国际化推动了跨境支付系统的技术升级和服务优化。人民币跨境支付系统作为重要的基础设施之一，正不断完善其功能，提升处理效率，降低交易成本。此外，金融科技的应用，如区块链技术和数字货币的发展，正在重塑跨境支付领域的生态体系。对于金融出海企业而言，这意味着可以利用这些先进的技术支持，构建更加高效、便捷且低成本的跨境支付解决方案，满足全球客户的多样化需求。同时，这也为企业探索新型跨境金融服务模式提供了广阔的空间。

境内外市场互联互通机制全景解析

互联互通机制为中国金融企业出海搭建了全球化桥梁，以沪深港通、债券通、跨境理财通及互认基金机制为代表的互联互通体系，正在重构中国金融业的出海路径。这些机制通过渐进式开放创造了独特价值。

优先布局产品

- **抢占市场先机。**利用互联互通机制的政策优势，金融企业可以率先推出符合国际市场需求的创新金融产品和服务，如跨境交易、债券、理财产品等，从而在竞争中占据有利位置。
- **丰富产品线。**通过引入更多元化的投资工具和资产类别，金融企业能够满足不同客户群体的需求，提升产品的多样性和竞争力，吸引更多的全球投资者。
- **提高客户黏性。**提供独特的跨境投资产品和服务有助于增强客户的忠诚度和黏性，尤其是在国际化进程中，这将有利于长期稳定发展。

深化国际市场调研与洞察

● **深入了解海外市场。** 借助互联互通机制，金融企业可以获得更直接、深入的市场洞察，了解全球市场的运作模式、法规环境及投资者偏好，从而优化其国际化战略。

● **捕捉新兴趋势。** 及时掌握最新的行业动态和技术发展趋势，提前布局相关业务，确保在全球竞争中保持领先地位，并能快速响应市场变化。

● **优化风险管理。** 对海外市场的详细了解可以帮助金融企业识别潜在风险点，并采取相应措施进行防范，提高整体抗风险能力，保障跨境业务的安全稳健运行。

加强与海外投资者的沟通与合作

● **建立信任关系。** 通过积极主动地与海外投资者沟通交流，金融企业可以展示自身的专业能力和诚信形象，赢得投资者的信任和支持，促进资金流入。

● **定制化服务。** 根据海外投资者的具体需求，金融企业可以提供更加个性化、定制化的服务方案，如投资咨询、资产配置建议等，以吸引更多海外资本进入中国市场。

● **拓展国际合作网络。** 通过频繁互动，金融企业还可以与其他国家和地区的企业建立合作关系，共同探索新的商业机会，推动跨境项目的落地实施，实现互利共赢。

提升品牌影响力和市场份额

● **扩大品牌知名度。** 参与国际资本市场活动有助于提升金融企业的国际知名度和品牌形象。

- **增加市场份额。**通过成功的产品推广和服务创新，金融企业可以在国际市场中获得更大的市场份额，进一步巩固其行业地位。

优化资源配置和运营效率

- **整合资源。**利用互联互通机制，金融企业可以更好地整合境内外资源，优化资源配置，降低成本，提高运营效率。
- **技术升级。**参与国际市场竞争促使金融企业加快技术创新和数字化转型，提升服务质量和用户体验，增强市场竞争力。

综上所述，互联互通机制不仅为金融企业提供了广阔的海外市场拓展平台，还带来了前所未有的发展机遇。通过优先布局产品、深化国际市场调研、加强与海外投资者的沟通与合作、提升品牌影响力和市场份额，稳定币作为一种锚定法定货币的数字资产，凭借其价格稳定性和结算便利性，逐渐成为国际贸易和跨境资金流转的新型工具。多国央行数字货币（CBDC）与稳定币的协同发展，为跨境支付提供了更低成本、更快速度的解决方案，显著缩短了资金结算时间，降低了汇兑风险和中介费用。

这一新格局带来的变化直接影响企业出海的资金管理和运营效率。首先，企业能够通过稳定币实现更便捷的跨境收付款，避免传统银行系统中烦琐的手续和较高的手续费，从而提升现金流的灵活性和资金周转速度。其次，数字人民币等 CBDC 的推广促进了人民币国际化，为中国企业在全球市场树立更强的支付生态优势，降低外汇风险。再者，随着多边跨境支付网络的建立，企业可更轻松接入全球多个市场，实现多币种、多渠道的资金结算和风险管理。

综上所述，数字金融生态的不断解锁和创新，不仅重塑了跨境支付的基础设施，还为企业出海提供了全新的金融支持和战略机遇，助力企业在复杂多变的国际环境中实现更高效、更安全、更合规的发展路径。

全球金融版图正在被数字浪潮冲刷出崭新轮廓。区块链打通了跨境支付的信任壁垒，人工智能重塑了风险管控的精度边界，数字货币在云端编织起无国界结算网络。中国企业以技术为锚，在支付清算、绿色金融、普惠信贷等领域构建起“数字丝绸之路”。当传统金融规则遭遇数字文明的冲击，谁能将技术创新与监管智慧熔铸成密钥，谁就能打开未来金融的大门。浪潮奔涌时，弄潮儿从不追随浪花，而是成为浪花本身。

结　语
携手并进，共创未来——中国产业军团出海

当中国企业的出海航船驶入深水区时，单打独斗的时代正在落幕。在越南工业园里，新能源电池企业与智能家电工厂共享物流网络；在迪拜自贸区，跨境电商平台与文化 IP 公司共建数字展厅；在巴西新城区，基建承包商与金融机构联合设计智慧城市方案。这些看似偶然的产业邂逅，实则蕴含着全球产业竞争的底层逻辑重构。

产业链协同的生态革命

基建行业在印尼建设工业园时，同步引入的不仅是混凝土和钢结构，更是一个完整的产业操作系统。中国交建在雅加达的“数字孪生园区”项目，将 5G 基站、智能电网、工业互联网平台等数字基建打包输出，为后续入驻的新能源车企、智能家电制造商预制了数字化生产环境。这种“基建 +”模式使项目利润率提升 30%，建设周期缩短 25%。

跨境电商与金融服务的化学反应正在改写全球贸易规则。蚂蚁国际在东南亚推出的支付宝升级版（Alipay+）解决方案，不仅服务跨境电商企业，更将支付系统嵌入当地餐饮连锁的数字化改造。这种“数字触手”的延伸，使中国金融服务商获得 2000 万线下商户的实时交易数据，形成独特的跨境风控模型。

产业集群的进化密码

在埃塞俄比亚的东方工业园，家电企业美的与钢构供应商鸿路钢构共建非洲首条智能家电生产线。通过共享仓储物流、联合采购原料、协同技术研发，使空调生产成本大幅降低，交货周期大幅缩短，这种“工业母舰”模式正在全球复制，形成了多个独具中国特色的海外产业聚落。

文化出海正在创造新的产业黏合剂。腾讯视频在泰国推出的“我们电视台”（WeTV）平台，不仅输出影视内容，还带动餐饮品牌的海外国潮营销。某火锅连锁借助《陈情令》IP落地曼谷主题店，单店日营业额突破15万元，验证了“文化—消费”的共振效应。

产业先行的信号解码

新能源行业的海外布局正在成为经济风向标。宁德时代在欧洲的电池工厂选址，提前几个月带动了多家中国装备制造企业落户欧洲。这种“灯塔项目”效应形成独特的产业预警系统：当光伏企业海外招标量环比增长20%时，往往预示6个月后智能电网设备出口将迎来爆发。

餐饮业的全球化正在重构地缘经济图谱。蜜雪冰城在印尼的3000家门店不仅是消费终端，更是生鲜供应链的神经末梢。其冷链物流数据准确预测了东南亚预制菜市场的爆发时点，为国内食品加工企业赢得了6个月的战略准备期。

协同出海的实施框架

- **构建“双循环”产业路由器。**在沙特新城项目中，中国铁建主导基建开发，比亚迪提供电动公交系统，海尔智家搭建智能社区，支付宝接入数字支付，形成从“硬基建”到“软生态”的完整输出。这种组合拳使项目综合收益提升了40%，客户留存率提高了65%。
- **打造产业大数据中枢。**某央企搭建的“全球产业云图”系统，聚合8大行业2000家企业的海外运营数据。当系统监测到拉美某国跨境电商退货率上升1.2个百分点时，自动触发对当地物流企业和支付机构的协同优化方案。

这也揭示出全球化竞争的新法则：未来的商业版图不再由单一巨头绘制，而是产业生态群的联合远征。当中国的餐饮收款机记录着墨西哥城的消费脉搏，当东南亚的智能电网跳动着华为的AI算法，当非洲的产业园区流转着徐工的区块链物流，一个更具韧性的全球化新“物种”正在崛起。

展望未来，随着中国企业出海步伐的不断迈进，产业间的协同合作将更加紧密和深入。我们有理由相信，中国产业军团将在全球舞台上绽放更加耀眼的光芒。它们不仅会为自身赢得更广阔的发展空间，更将为世界经济的复苏与繁荣注入源源不断的动力，共同绘就一幅全球经济协同发展、共创辉煌的宏伟蓝图，真正实现携手并进，让世界见证中国企业出海的磅礴力量与无限可能。

附 录

餐饮企业出海量化评估指标表

企业名称：____________________

评估日期：____________________

评估目的：量化评估企业是否具备出海的条件和能力。

1. 供应链管理水平

（1）**原材料采购稳定性：**原材料供应商数量与多样性（1~5 分）。

（2）**物流配送效率：**物流成本占总成本的百分比（1~5 分，百分比越低分数越高）。

（3）**供应链风险应对：**风险应对计划的数量和全面性（1~5 分）。

2. 人员管理水平

（1）**海外负责人工作经验：**海外负责人在海外的直接工作年数（1~5 分）。

（2）**相关行业工作经验：**管理团队在餐饮行业的平均工作年数（1~5 分）。

（3）**一把手海外考察：**一把手亲自考察海外市场的频率（1 年 1 次为基准，1~5 分）。

3. 菜品复杂程度

（1）**菜品标准化程度：**标准化菜品占总菜品的比例（1~5分）。

（2）**菜品适应性：**菜品调整以适应不同市场的次数（1~5分）。

（3）**菜品创新能力：**年均新菜品研发数量（1~5分）。

4. 对海外市场的认知度

（1）**市场调研深度：**年度市场调研报告的数量（1~5分）。

（2）**消费者洞察：**消费者调研的频率和覆盖度（1~5分）。

（3）**竞争对手分析：**竞争对手分析报告的更新频率（1~5分）。

5. 品牌与文化

（1）**品牌国际化潜力：**品牌在海外市场的知名度评分（1~5分）。

（2）**品牌文化传播：**品牌文化活动的数量和影响力（1~5分）。

（3）**品牌忠诚度：**重复顾客比例和顾客推荐率（1~5分）。

6. 财务评估

（1）**财务健康状况：**净利润率（1~5分，净利润率越高，分数越高）。

（2）**投资回报预测：**预期投资回报率（1~5分，回报率越高，分数越高）。

（3）**资金筹措能力：**可用于海外扩张的资金占总资金的比例（1~5分）。

7. 目标市场法律合规风险意识

（1）**法律法规了解程度**：企业合规培训的频率和覆盖度（1~5分）。

（2）**知识产权保护**：知识产权注册数量和保护措施（1~5分）。

（3）**合规风险管理**：合规风险评估报告的数量和质量（1~5分）。

评估方法：对每个指标进行打分，1分为最低，5分为最高。

总分：______

评估结果：

总分 ≤ 35：当前不建议出海，需要在多个方面进行改进和加强。

35 < **总分** ≤ 70：考虑出海，但需要在关键领域进行进一步的准备和优化。

70 < **总分** ≤ 105：适合出海，具备较好的条件和能力，但仍需关注潜在风险。

评估人：__________________

请根据企业实际情况，认真填写此评估表，并在必要时寻求专业咨询。

跨境电商出海量化评估指标表

企业名称：________________________

评估日期：________________________

评估目的：量化评估企业是否具备跨境电商出海的条件和能力。

1. 平台与渠道管理

（1）**平台多样性：**在不同跨境电商平台上的店铺数量及市场覆盖率（1~5分）。

（2）**渠道优化：**对各个销售渠道的优化程度及效果跟踪（1~5分）。

（3）**合作伙伴网络：**国际物流、支付网关等合作伙伴的数量和质量（1~5分）。

2. 数据分析与决策支持

（1）**数据收集：**数据采集工具的使用情况及其准确性（1~5分）。

（2）**数据分析：**利用数据分析指导业务决策的能力（1~5分）。

（3）**报告频率：**定期生成销售报告、市场趋势分析报告的频率（1~5分）。

3. 市场洞察与消费者行为

（1）**市场调研：**对目标市场的研究深度及对消费者行为的理解（1~5分）。

（2）**竞争情报：** 收集竞争对手信息并制定应对策略的能力（1~5 分）。

（3）**用户反馈：** 用户评论和反馈处理机制的有效性（1~5 分）。

4. 营销与品牌建设

（1）**数字营销：** 社交媒体、搜索优化等数字营销手段的应用效果（1~5 分）。

（2）**品牌定位：** 品牌在国际市场的独特卖点及定位清晰度（1~5 分）。

（3）**客户忠诚度：** 提升客户满意度和促进重复购买的策略（1~5 分）。

5. 法律合规与风险管理

（1）**法规遵循：** 对目标市场法律法规的了解和遵守情况（1~5 分）。

（2）**知识产权保护：** 商标注册、版权保护等方面的措施（1~5 分）。

（3）**风险评估：** 定期进行风险评估并采取相应预防措施（1~5 分）。

6. 财务健康与资金流动

（1）**销售收入：** 销售额的增长率及稳定性（1~5 分）。

（2）**成本控制：** 运营成本的管理及降低措施（1~5 分）。

（3）**资金流动性：** 海外运营所需的资金流及融资能力

（1~5 分）。

7. 客户服务与售后支持

（1）多语言客服：提供多语言客户服务的能力（1~5 分）。

（2）售后服务：包括退换货政策在内的售后服务体系（1~5 分）。

（3）客户体验：提升客户购物体验的各项措施（1~5 分）。

评估方法：

对每个指标进行打分，1 分为最低，5 分为最高。

总分：______

评估结果：

总分 ≤ 35：当前不建议出海，需要在多个方面进行改进和加强。

35 < 总分 ≤ 70：考虑出海，但需要在关键领域进行进一步的准备和优化。

70 < 总分 ≤ 105：适合出海，具备较好的条件和能力，但仍需关注潜在风险。

评估人：__________________

此评估表旨在帮助跨境电商企业全面评估其出海准备情况，并针对不足之处进行改进。请根据实际情况填写并适时调整策略。

小家电企业出海量化评估指标表

企业名称：________________

评估日期：________________

评估目的：量化评估企业是否具备出海的条件和能力。

1. 产品与技术创新

（1）**技术先进性：** 核心技术专利数量及行业领先程度（1~5 分）。

（2）**创新速度：** 年均新产品推出数量及市场响应时间（1~5 分）。

（3）**质量控制：** 质量管理体系认证及质量事故记录（1~5 分）。

2. 市场适应性与洞察度

（1）**市场调研深度：** 对目标市场的深入研究报告及消费者行为分析（1~5 分）。

（2）**文化适应性：** 产品设计和营销策略对不同文化的适应性调整（1~5 分）。

（3）**竞争对手分析：** 对国际市场上主要竞争对手的产品和技术分析（1~5 分）。

3. 国际化运营能力

（1）**海外渠道建设：** 在目标市场建立销售渠道的数量和覆盖范围（1~5 分）。

（2）**物流与仓储：** 物流网络布局及本地仓储设施完善程度

（1~5 分）。

（3）本地化服务支持：提供语言、售后服务等本地化支持的能力（1~5 分）。

4. 品牌与市场营销

（1）品牌知名度：在目标市场的品牌认知度评分（1~5 分）。

（2）数字营销能力：社交媒体、在线广告等数字营销工具的应用效果（1~5 分）。

（3）口碑管理：用户评价管理和品牌形象维护措施（1~5 分）。

5. 法律合规与风险管理

（1）法规遵循：针对目标市场法规的了解程度和遵守情况（1~5 分）。

（2）知识产权保护：知识产权申请与维护状况（1~5 分）。

（3）合规培训：内部合规教育与风险防范机制（1~5 分）。

6. 财务健康与投资回报

（1）财务稳定性：净利润水平及其增长率（1~5 分）。

（2）投资回报率：预期海外市场的投资回报分析（1~5 分）。

（3）资金流动性：可用于海外扩张的资金流动性和融资能力（1~5 分）。

评估方法：

对每个指标进行打分，1 分为最低，5 分为最高。

总分：______

评估结果：

总分 ≤ 35：当前不建议出海，需要在多个方面进行改进和加强。

35 < 总分 ≤ 70：考虑出海，但需要在关键领域进行进一步的准备和优化。

70 < 总分 ≤ 105：适合出海，具备较好的条件和能力，但仍需关注潜在风险。

评估人：______________

请根据企业的实际情况认真填写此评估表，并在必要时寻求专业咨询。这样可以更准确地评估小家电企业出海的各项能力和准备情况。

新能源企业出海量化评估指标表

企业名称：____________________

评估日期：____________________

评估目的：量化评估企业是否具备新能源出海的条件和能力。

1. 技术与研发能力

（1）核心技术优势：拥有自主知识产权的核心技术和专利数量（1~5 分）。

（2）研发投入：年度研发投入占总收入的比例（1~5 分）。

（3）国际合作：与国际科研机构或企业的合作项目数量及影响力（1~5 分）。

2. 市场适应性与战略规划

（1）目标市场选择：对目标市场的选择合理性及市场潜力分析（1~5 分）。

（2）政策环境理解：对目标国家新能源政策的理解及利用程度（1~5 分）。

（3）长期战略规划：具备明确的国际市场扩展计划及长期发展目标（1~5 分）。

（4）能源转型趋势：对全球能源转型趋势的理解及其对业务的影响（1~5 分）。

3. 供应链与生产管理

（1）供应链稳定性：关键原材料和零部件供应商的数量与

多样性（1~5 分）。

（2）生产能力：生产设施的现代化水平及生产能力的灵活性（1~5 分）。

（3）成本控制：生产成本控制及优化措施的有效性（1~5 分）。

（4）绿色供应链：在供应链中采用环保材料和技术的程度（1~5 分）。

4. 法律合规与风险管理

（1）法规遵循：对目标市场法律法规的了解和遵守情况（1~5 分）。

（2）环境与社会责任：在环境保护和社会责任方面的投入及表现（1~5 分）。

（3）风险应对机制：针对政治、经济、环境等方面的应对措施（1~5 分）。

（4）数据隐私与安全：数据保护措施及其在国际市场中的合规性（1~5 分）。

5. 营销与品牌建设

（1）国际品牌形象：在国际市场上的品牌知名度及美誉度（1~5 分）。

（2）数字营销策略：利用数字平台进行市场推广的效果及覆盖面（1~5 分）。

（3）合作伙伴关系：与其他企业和机构的合作关系及其影响力（1~5 分）。

（4）**行业展会参与**：参与国际行业展会及活动的频率和效果（1~5 分）。

6. 财务健康与投资回报

（1）**资金流动性**：可用于海外扩张的资金流动性和融资能力（1~5 分）。

（2）**投资回报率**：预期海外市场的投资回报分析及盈利能力（1~5 分）。

（3）**财务稳定性**：净利润水平及其增长率（1~5 分）。

（4）**税收优惠政策利用**：对目标市场税收优惠政策的了解和利用情况（1~5 分）。

7. 客户服务与售后支持

（1）**技术支持**：提供给客户的技术支持和服务质量（1~5 分）。

（2）**售后保障**：包括维修、保养在内的售后服务体系（1~5 分）。

（3）**用户培训**：对用户进行产品使用和技术培训的能力（1~5 分）。

（4）**远程监控与维护**：提供远程监控和维护服务的能力（1~5 分）。

8. 可持续发展与绿色认证

（1）**绿色认证**：获得的国际或地区性环保认证（1~5 分）。

（2）**可持续发展战略**：企业在可持续发展方面的承诺和实

施计划（1~5 分）。

（3）循环经济实践：在产品生命周期管理和资源循环利用方面的措施（1~5 分）。

（4）碳足迹管理：对生产和运营过程中的碳排放进行管理和减少的措施（1~5 分）。

9. 国际化团队与文化融合

（1）海外团队建设：海外团队的专业背景和国际化经验（1~5 分）。

（2）文化适应性：团队成员对不同文化的理解和适应能力（1~5 分）。

（3）语言能力：团队成员的语言技能及其对业务的支持（1~5 分）。

评估方法：

对每个指标进行打分，1 分为最低，5 分为最高。

总分：______

评估结果：

总分 ≤ 45：当前不建议出海，需要在多个方面进行改进和加强。

45 < 总分 ≤ 90：考虑出海，但需要在关键领域进行进一步的准备和优化。

90 < 总分 ≤ 140：适合出海，具备较好的条件和能力，但仍需关注潜在风险。

评估人：________________

此评估表旨在帮助新能源企业全面评估其出海准备情况，并针对不足之处进行改进。通过这些准备，可以让企业在出海过程中能够更好地应对各种挑战，抓住机遇。新增的独特衡量指标如“能源转型趋势”“绿色供应链”“数据隐私与安全”“远程监控与维护”等，更能反映新能源行业的特点和需求。

基建企业出海量化评估指标表

企业名称：________________________

评估日期：________________________

评估目的：量化评估企业是否具备基建出海的条件和能力。

1. 技术与工程能力

（1）**核心技术优势：**拥有自主知识产权的核心技术和施工方法（1~5 分）。

（2）**工程质量：**过往项目的工程质量及验收情况（1~5 分）。

（3）**创新应用：**在新技术、新材料、新工艺方面的应用能力（1~5 分）。

2. 项目管理与执行

（1）**项目管理经验：**国内外大型项目的管理经验和成功案例（1~5 分）。

（2）**项目交付能力：**按时、按质完成项目的能力及记录（1~5 分）。

（3）**风险管理：**对项目风险的识别、评估及应对措施（1~5 分）。

3. 市场适应性与战略规划

（1）**目标市场选择：**对目标市场的选择合理性及市场潜力

分析（1~5 分）。

（2）政策环境理解：对目标国家政策法规的理解及利用程度（1~5 分）。

（3）长期战略规划：具备明确的国际市场扩展计划及长期发展目标（1~5 分）。

（4）国际合作经验：与其他国际公司或机构的合作经验（1~5 分）。

4. 供应链与资源管理

（1）供应链稳定性：关键材料和设备供应商的数量与多样性（1~5 分）。

（2）资源调配能力：对人力资源、物资和资金的有效调配能力（1~5 分）。

（3）成本控制：工程成本控制及优化措施的有效性（1~5 分）。

5. 法律合规与风险管理

（1）法规遵循：对目标市场法律法规的了解和遵守情况（1~5 分）。

（2）合同管理：合同条款的合理性和合同履行的可靠性（1~5 分）。

（3）环境与社会责任：在环境保护和社会责任方面的投入及表现（1~5 分）。

（4）风险评估与应对：定期进行风险评估并采取相应预防措施（1~5 分）。

6. 营销与品牌建设

（1）**国际品牌形象：**在国际市场上的品牌知名度及美誉度（1~5 分）。

（2）**数字营销策略：**利用数字平台进行市场推广的效果及覆盖面（1~5 分）。

（3）**合作伙伴关系：**与其他企业和机构的合作关系及其影响力（1~5 分）。

（4）**行业展会参与：**参与国际行业展会及活动的频率和效果（1~5 分）。

7. 财务健康与投资回报

（1）**资金流动性：**可用于海外扩张的资金流动性和融资能力（1~5 分）。

（2）**投资回报率：**预期海外市场的投资回报分析及盈利能力（1~5 分）。

（3）**财务稳定性：**净利润水平及其增长率（1~5 分）。

（4）**项目融资能力：**获取项目融资的能力及渠道（1~5 分）。

8. 客户服务与售后支持

（1）**技术支持：**提供给客户的技术支持和服务质量（1~5 分）。

（2）**售后保障：**包括维修、保养在内的售后服务体系（1~5 分）。

（3）**用户培训：**对用户进行操作和技术培训的能力（1~5 分）。

（4）**本地化服务：**提供本地语言支持和售后服务的能力

（1~5 分）。

9. 可持续发展与绿色认证

（1）绿色认证：获得的国际或地区性环保认证（1~5 分）。

（2）可持续发展战略：企业在可持续发展方面的承诺和实施计划（1~5 分）。

（3）循环经济实践：在项目生命周期管理和资源循环利用方面的措施（1~5 分）。

（4）社会责任报告：发布社会责任报告的频率及内容详尽程度（1~5 分）。

10. 国际化团队与文化融合

（1）海外团队建设：海外团队的专业背景和国际化经验（1~5 分）。

（2）文化适应性：团队成员对不同文化的理解和适应能力（1~5 分）。

（3）语言能力：团队成员的语言技能及其对业务的支持（1~5 分）。

（4）本地化人才引进：引进和培养本地人才的能力（1~5 分）。

评估方法：

对每个指标进行打分，1 分为最低，5 分为最高。

总分：______

评估结果：

总分 ≤ 50：当前不建议出海，需要在多个方面进行改进和加强。

50 < 总分 ≤ 100：考虑出海，但需要在关键领域进行进一步的准备和优化。

100 < 总分 ≤ 150：适合出海，具备较好的条件和能力，但仍需关注潜在风险。

评估人：__________________

此评估表旨在帮助基建企业全面评估其出海准备情况，并针对不足之处进行改进。通过以上评估，可以让企业在出海过程中能够更好地应对各种挑战，抓住机遇。新增的独特衡量指标如“国际合作经验”“项目融资能力”“本地化服务”等，更能反映基建行业的特点和需求。

金融企业出海量化评估指标表

企业名称：________________________

评估日期：________________________

评估目的：量化评估企业是否具备金融出海的条件和能力。

1. 监管合规与风险管理

（1）**国际监管框架理解：**对目标市场金融监管框架的理解及遵守情况（1~5分）。

（2）**风险管理体系：**内部风险管理体系的健全程度及其有效性（1~5分）。

（3）**反洗钱机制：**反洗钱（AML）和反恐融资（CFT）措施的完善程度（1~5分）。

（4）**合规审计频率：**定期进行内部合规审计的频率及质量（1~5分）。

2. 技术与创新应用

（1）**金融科技应用：**在支付、贷款、保险等领域的金融科技应用水平（1~5分）。

（2）**区块链技术：**利用区块链技术提升透明度和效率的应用案例（1~5分）。

（3）**AI与大数据分析：**利用人工智能和大数据分析优化业务流程的能力（1~5分）。

（4）**网络安全防护：**网络安全防护措施及其对数据保护的有效性（1~5分）。

3. 市场适应性与战略规划

（1）**目标市场选择：**对目标市场的选择合理性及市场潜力分析（1~5分）。

（2）**政策环境利用：**对目标国家金融政策的理解及利用程度（1~5分）。

（3）**战略合作：**与其他国际金融机构或科技公司的战略合作关系（1~5分）。

（4）**本地化策略：**针对本地市场的定制化产品和服务开发情况（1~5分）。

4. 产品与服务多样化

（1）**产品多样性：**提供的产品和服务种类及其覆盖范围（1~5分）。

（2）**数字化产品：**数字银行、移动支付等数字化产品的开发和推广（1~5分）。

（3）**客户需求满足：**能够满足不同客户需求的定制化产品和服务（1~5分）。

（4）**用户体验优化：**不断优化用户体验的设计和技术手段（1~5分）。

5. 财务健康与投资回报

（1）**资金流动性：**可用于海外扩张的资金流动性和融资能力（1~5分）。

（2）**投资回报率：**预期海外市场的投资回报分析及盈利能

力（1~5分）。

（3）财务稳定性： 净利润水平及其增长率（1~5分）。

（4）成本控制： 运营成本的管理及降低措施的有效性（1~5分）。

6. 国际化团队与文化融合

（1）海外团队建设： 海外团队的专业背景和国际化经验（1~5分）。

（2）文化适应性： 团队成员对不同文化的理解和适应能力（1~5分）。

（3）多语言支持： 提供多语言客户支持和内部沟通的能力（1~5分）。

（4）人才引进与培养： 引进和培养本地及国际人才的能力（1~5分）。

7. 客户服务与售后支持

（1）客户支持： 提供给客户的技术支持和服务质量（1~5分）。

（2）售后保障： 包括问题解决、投诉处理在内的售后服务体系（1~5分）。

（3）用户培训： 对用户进行操作和技术培训的能力（1~5分）。

（4）客户反馈机制： 收集和处理客户反馈的有效机制（1~5分）。

8. 品牌与市场营销

（1）**国际品牌形象：** 在国际市场上的品牌知名度及美誉度（1~5 分）。

（2）**数字营销策略：** 利用数字平台进行市场推广的效果及覆盖面（1~5 分）。

（3）**社交媒体影响力：** 在社交媒体上的活跃度及影响力（1~5 分）。

（4）**市场调研深度：** 对目标市场的深入研究报告及消费者行为分析（1~5 分）。

9. 可持续发展与社会责任

（1）**标准遵循：** 在环境、社会和治理（ESG）方面的表现及改进措施（1~5 分）。

（2）**社会责任项目：** 在社区建设和公益活动中的贡献（1~5 分）。

（3）**透明度报告：** 发布透明度报告的频率及内容详尽程度（1~5 分）。

（4）**绿色金融产品：** 推动绿色金融产品和服务的发展（1~5 分）。

10. 国际合作与伙伴关系

（1）**合作伙伴网络：** 与其他国际金融机构、科技公司和行业协会的合作关系（1~5 分）。

（2）**国际认证：** 获得国际金融行业认证（1~5 分）。

（3）**行业参与度：**参与国际行业会议、论坛等活动的频率及效果（1~5 分）。

（4）**共同基金与投资：**与其他机构共同设立基金或投资项目的数量及影响力（1~5 分）。

评估方法：

对每个指标进行打分，1 分为最低，5 分为最高。

总分：______

评估结果：

总分 ≤ 55：当前不建议出海，需要在多个方面进行改进和加强。

55 < 总分 ≤ 110：考虑出海，但需要在关键领域进行进一步的准备和优化。

110 < 总分 ≤ 160：适合出海，具备较好的条件和能力，但仍需关注潜在风险。

评估人：__________________

请根据企业实际情况，认真填写此评估表，并在必要时寻求专业咨询。